U0622454

在我国的上市公司中，小股东的弱势地位导致了其利益很容易受到侵害，
然而，目前我国保护小股东的法律体系并不完善，中小股东维权困难。
所以，加强中小股东利益的保护、形成合理的股东利益分配制度具有现实重大意义。

小股东利益分配制度及其权益保护研究

XIAOGUDONG LIYI FENPEI ZHIDU
JIQI QUANYI BAOHU YANJIU

本书分析了上市公司的股权结构和小股东法律保护的现状。阐释小股东的法律保护的历史进程对其利益分配制度的影响。证明现金股利分配政策已经沦为大股东侵占中小股东的工具。最后，揭示了现金股利分配政策的真正经济含义，试图揭示中国“现金股利分配之谜”，为公司股权结构的改革与小股东法律保护的完善提供政策性建议。

袁振兴　李建荣　魏　光　等◎著

总　序

时光荏苒，岁月如梭，河北经贸大学已历经60年岁月的洗礼。回首她的发展历程，深深感受到经贸学人秉承“严谨为师、诚信为人、勤奋为学”的校训，孜孜不倦地致力于书山学海的勤奋作风，而“河北经贸大学学术文库”的出版正是经贸师生对她的历史底蕴和学术精神的总结、传承与发展。为其作序，我感到十分骄傲和欣慰。

60年来特别是改革开放以来的三十多年，河北经贸人抓住发展机遇，拼搏进取，一步一个脚印，学校整体办学水平和社会声誉不断提升，1995年学校成为河北省重点建设的10所骨干大学之一，1998年获得硕士学位授予权，2004年在教育部本科教学工作水平评估中获得优秀，已成为一所以经济学、管理学、法学为主，兼有文学、理学和工学的多学科性财经类大学。

进入新世纪以来，我国社会经济的快速发展，社会各届对高等教育提出了更高的要求，高等教育进入了提升教育质量、注重内涵发展的新时期，不论是从国内还是从国际看，高校间的竞争日趋激烈。面对机遇和挑战，河北经贸人提出了以学科建设为龙头，走内涵发展、特色发展之路，不断提高人才培养质量，不断提升服务社会经济发展的能力和知识创新的能力，把我校建设成高水平大学的奋斗目标和工作思路。

高水平的科研成果是学科建设水平的体现。出版“河北经贸大学学术文库”的主要目的是进一步凝练学科方向、推进学科建设。近年来，我校产业经济学、会计学、经济法学、理论经济学、企业管理、财政学、金融学、行政管理、马克思主义中国化研究等重点学科在各自的学科领域不断进取，积累了丰富的研究成果。收入文库的著作有的是教授们长期研究的结晶，有的则是刚刚完成不久的博士学位论文，其作者有的是在本学科具有较大影响力的知名专家，更多的则是年富力强、立志为学的年轻学者，文库的出版对学科梯队的培养、学科特色的加强将起到非常积极的作用。

感谢人民出版社为“河北经贸大学学术文库”的出版所付出的辛勤劳动，人民出版社在出版界的影响力及其严谨务实的工作作风，与河北经贸大学积极推进学科建设的决心相结合，成就了这样一个平台。我相信，借此平台我们的研究将有更多的机会得到来自社会各界特别是研究同行们的关注和指教，这将成为我们学术生涯中的宝贵财富；我也希望我们河北经贸学人能够抓住机会，保持锲而不舍的钻研精神、追求真理的科学精神、勇于探索的创新精神和忧国忧民的人文精神，在河北经贸大学这块学术土壤中勤于耕耘、善于耕耘，不断结出丰硕的果实。

河北经贸大学校长　纪良纲

·目　　录·

第一章　导　　论

在公司中,小股东的利益来自两部分:资本利得和从公司中分得的利润。前者是股东出售其持有股份获得的价差,该部分的大小取决于股东对股票市场的把握和持有股票的目的,并不涉及股东在公司内的利益分配问题;后者是股东因持有股份从被投资公司的净利润中分得的利润,包括现金股利和股票股利两种形式。因股票股利不增加股东的财富,所以,本书认为小股东的利益分配制度的形成就是公司内利润分配制度的形成,具体表现为公司的现金股利分配政策是如何形成的,本书也将围绕着公司的现金股利分配政策的形成展开。

第一节　研究的背景及意义

一、背景

美国法学家 Berle 和经济学家 Means(1932)通过分析美国 200 家公司的所有权结构,发现了其股权结构广泛分散的特征,提出了"股权高度分散是导致所有权与经营权相分离的根本原因"的论断①。从此,"所有权与经营权相分离"成为研究现代公司代

① A.Berle, G.Means, *The Modern Corporation and Private Property*, New York: Macmillan, 1932, p.12.

理问题的基本假定条件,在这一假定条件下,公司代理问题的分析框架主要是经营者与全体股东之间的利益冲突。

然而,近年来"股权高度分散"的结论受到挑战,一些专家学者的研究表明:在很多国家,甚至在非经济转型国家的上市公司中,股权高度分散并不是一个普遍的现象,而股权集中才是公司股权结构的常态。公司所有权和控制权并未完全分离,公司中存在着控制性大股东,并具有显著性。例如,Zingales(1994)对意大利和法国上市公司股权结构的研究发现,控股股东所持具有投票权的股份比例超过50%,法国79%的上市公司有一个主要股东。Claessens et al.(2000)对东亚9国共2980家上市公司股权结构的研究发现,除了日本是金融机构为控股股东外,其余国家中2/3的控制权都被以家族为主的最终控制者持有;La PorLa et al.(1999)调查了27个发达国家的大型上市公司发现,样本中有68.59%的公司存在控股股东;根据Sh1eilfer et al.(1986)的研究,即使在美国,许多大公司在相当程度上也存在着所有权集中于几个家族或富有投资者的现象。"总之,股份持有的集中和占有控制性的所有权看起来是整个世界的规则。"(Andrei Shleifer and Robert W. Vishy,1997)

当股权由分散变为集中时,公司中股东便会出现异质化,有了大股东(控股股东)与小股东(非控股股东)之分,两者之间的利益关系一致性降低,冲突性上升。公司的主要代理问题也由经营者与股东之间的冲突演化为大股东与小股东之间的利益冲突(Shleilfer et al.,1997;Pagano and Roel,1998)。在公司股权集中程度较高和小股东法律保护不健全的国家和地区,大股东侵占(Expropriate)小股东利益的问题更为突出,而且这是一个具有普遍性的问题,绝非个别现象。Claessens et al.(2000)、Weinstein and yafeh(1994)、Hoshi and Scharfstein(1990)、Franks.J.Mayer(2001)等人对不同国家和地区的研究也证明了这一点。当大股东被赋予过多的控制权时,大股东将会有强烈的动机侵占小股东的利益,以追求自身效用的最大化(Blair,1999;Sh1eilfer et al.,1997;La Porta et al.,2000;Claessens et al.,2000)。

大股东侵占小股东的利益是通过各种各样的方式实现的,其中,操纵公司的现金股利政策就是重要的利益侵占方式之一。La Porta et al.(2000)、Holderness(1998)、Andrei Shleifer and Robert W. Vishy(1997)等研究结果表明大股东通过制定有利于大股东利益的现金股利政策,挖掘各种"隧道"侵占小股东的利益。Mara Faccio and Larry H.P.Lang(2001)认为"现金股利为此提供了证据"①。

在我国的上市公司中,公司治理表现出股权集中和大股东控制的特点,大股东与小股东的利益冲突成为其主要的代理问题。据本书的研究统计,截止到2010年底,我国上市公司第一大股东直接持股比例平均在36.09%以上,第二大股东平均持股比例为7.99%,前2至5大股东持股比例为12.2%。如果考虑到间接持股情况,这种差距可能更大。同时,小股东在公司治理中处于弱势地位,无论是在公司中的"话语权"和谈判能力上,还是获取信息和所具备的专业投资能力上等方面都呈现出其弱势群体特征。因此,在我国上市公司中,股权集中高,第一大股东"一股独大",其他股东无法与之相抗衡的地位,使大股东控制成为我国上市公司治理结构的一种常态。

小股东的弱势地位导致了其利益很容易受到侵害,免于这种

① Mara Faccio and Larry H.P.Lang,"Expropriation and Dividends"[J]*American Economic Review 91*,2001,pp.1-25.

侵害的利益诉求又不可能在公司的“法律框架”内自然地得以解决，必须借助于外部法律保护。而小股东的法律保护又是一个渐进的过程，这个过程必然影响公司行为，进而影响小股东的利益分配。目前，我国的《公司法》和《证券法》是股东权益保护相关法律法规的两部母法，这两部法律在对小股东权益的保护方面又存在着许多漏洞。例如，法律中没有明确规定补偿小股东损失的标准，法院也无充分的依据为小股东在法律实体上和程序上提供保护；过分注重行政、刑事制裁，而忽视了诸如给予受害者民事赔偿、法律救济等民事责任方面的制度；在小股东诉讼程序上缺乏相应的法规或惯例，使小股东在受到侵害时，不能顺畅和有效地进入司法程序等。这些造成了小股东维权成本高昂和大股东利益侵害成本偏低，激励了大股东对小股东利益的侵害。

在股权分置改革之后，虽然公司治理整体水平有一定程度的提高，但是上市公司中大股东仍然存在，他们通过内幕交易、操纵市场、制定不公平财务政策等方式侵害小股东权益等行为屡禁不止，在一定范围内影响到了上市公司和资本市场的发展。2010 年 11 月，国务院办公厅转发了证监会等五部门发布的《关于依法打击和防控资本市场内幕交易的意见》，将打击内部人侵害上市公司利益的行为列为重点。由此看出，如何保护小股东的权益已成为我国法律和公司治理进一步改革急需突破的方向。

在我国上市公司股权集中，小股东法律保护不力的情况下，大股东侵害小股东利益的行为极为严重。所以，加强中小投资者利益的保护，关注小股东利益分配，形成合理的股东利益分配制度具有重大现实意义。对小股东而言，公司利益分配制度就是现金股利分配政策形成的制度，由于大股东在公司治理中的强势地位，现金股利分配政策可能会成为侵害小股东利益的工具，他们为了实现其利益最大化,可能制定有损小股东利益的现金股利分配政策。

总之,当股权由分散变为集中,小股东法律保护环境较差时,公司问题的分析框架由经营者VS股东演变为大股东VS小股东,在既定的股权结构和小股东法律保护下,小股东利益分配制度是怎样形成的,股权结构和小股东法律保护对小股东利益分配制度的形成产生何种影响,将关系到资本市场和公司治理的效率的提高。在这些问题的研究中,作为小股东利益分配的具体体现——现金股利分配政策扮演着重要的角色。

二、意义

在公司内部,小股东利益分配具体是指公司的利润分配,而利润分配是围绕着公司现金股利政策的制定展开的。公司的现金股利分配政策是小股东利益分配制度的具体形式,它的形成会受到很多因素的影响,其中,股权结构和法律保护制度是两个主要的影响变量。目前,我国上市公司的股权结构是什么样的?这样的股权结构会产生什么样的公司代理问题,如何影响公司行为?为了解决我国特定的公司代理问题,外部法律保护是如何发展的?公司的股权结构和小股东法律保护框架对公司中小股东利益分配制度——现金股利的分配政策——产生什么样的影响?公司现金股利分配分配政策的本质是什么?在公司的股利分配政策中,为什么会产生中国式的“现金股利分配政策之谜”?诸如此类,太多的问题困扰着我国理论界,也深深地吸引着我国理论界对我国上市公司的分配政策进行了广泛而深入的研究,并形成了丰富的研究成果。但是,这些研究也存在着一些不足:第一,直接引用西方现金股利理论解释我国上市公司的股利分配行为,忽略了西方理论产生的现实背景,缺乏对我国上市公司所处现实背景的分析,从而产生了一些与西方理论相悖的中国式的“现金股利之谜”;第二,在我国,虽然也有人从大股东与小股东之间利益冲突的视角研究上市公司的现金股利分配政策,他们把“高现金股利分配政策是大股东侵占小股东利益”作为天然假定,或者基于某一个案例进行分析,这样,既缺乏理论推导的严谨和支撑,又没有经验数据检验的说服力;第三,在国内,关于小股东法律保护进程对现金股利分配政策影响的专门研究非常少,即使有研究也只是对西方研究的综述或者从纯法学的角度做一个现金股利分配政策的法理依据的梳理。

鉴于对我国目前现金股利分配政策研究现状的认识,本书在研究时做了如下改进:

第一,首先分析了研究问题的两个现实背景——上市公司的股权结构现实状态和小股东法律保护的现实框架。将“小股东利益分配制度及其法律保护”研究的主要内容置于这两个现实背景下,分析上市公司的主要代理问题,大股东与小股东利益的冲突,以及小股东利益分配制度——现金股利分配政策——是如何形成的。

第二,本研究将小股东法律保护看作是一个动态的逐渐发展的过程,它对公司内小股东利益分配制度——现金股利分配政策形成的影响也将是一个动态的。所以,本书在梳理了我国小股东法律保护的历史演化的基础上,将小股东的法律保护的历史进程对其利益分配制度的影响纳入了研究的范畴。

第三,从理论上证明了我国大股东对不同利益分配政策——现金股利分配政策——的偏好,在不同的持股比例区域,他们对现金股利分配政策的偏好不同;他们制定现金股利分配政策时,并不是按照“利益共享”和“公司价值最大化”或“股东价值最大化”的目标制定，而是沿着自身利益最大化而非效率的途径制定利益分配政策，从而把现金股利分配政策由一种大、小股东的“利益共享”政策演变成为一种利益侵占的工具。

最终，本书揭示了小股东利益分配制度形成的真正路径，小股东利益分配的具体形式——现金股利分配政策的真正经济含义，修正和澄清了关于现金股利理论的认识，以期对中国“现金股利分配之谜”有一种新的解释，挖掘出其特殊的经济意义，为公司股权结构的改革与小股东法律保护的完善提供政策性建议。

本书的现实意义在于：首先，对我国股权结构和法律保护的现实研究，发现我国上市公司的代理问题是大股东侵害小股东的利益，并为此提供证据；其次，揭示小股东与大股东利益内涵和实现路径的差异，产生这种差异的原因，以及大股东在公司利益分配过程中利用其控制权与公司治理和小股东法律保护的缺陷侵害小股东利益的途径；最后，从公司股权结构和小股东法律保护两个方面揭示大股东侵害小股东利益的制度性根源及其对现金股利政策的影响。

更为重要的是它还具有一定的宏观意义：为改善我国公司治理结构，完善和改进资本市场制度与小股东权益保护的法律提供政策性建议，以提高小股东权益法律保护水平，实现资本市场的健康发展，促进社会资源的合理配置。

第二节　基本概念

一、小股东与大股东

小股东是相对大股东而言的，从形式上看，以股东持有公司股份的多少将股东划分为大股东与小股东，但是，实际中人们习惯将大股东与控股股东相联系，将小股东与非控股股东相联系，以股东是否具备公司事务控制权为标准，来划分大股东（控股股东）和小股东（非控股股东）。所以，通常人们所说的大股东是指对公司事务拥有控制权的股东，小股东是指对公司事务没有控制权的股东，对大股东和控股股东，小股东和非控股股东不作严格的区分。大股东与小股东的本质区别在于是否拥有公司控制权，正是由于这一差异，导致大股东与小股东关系与利益变得复杂起来。

判断股东是否对公司具有控制权的标准有形式标准和实质标准之别。形式标准是以股东所持有的公司表决权股份的数额为标准来确定股东是否为控制股东。根据“资本多数决定”的原则，当股东所持有的股份占公司有表决权总股本的50%以上时，该股东就享有了公司的控制权。因此，一般将控股股东界定为持有公司50%以上的资本的股东，而小股东则是指持有公司50%以下资本的股东。实质性标准是指以股东是否具有实际上的公司事务尤其是重大事务的决定权为标准，判断股东是否为控股股东。实质标准的核心是基于股东对公司行为进行控制的权力。一般而言，控制主要是指股东基于控股地位及其他方面的优势，而对公司的人事、业务及决策所施加的具有支配性的影响。

事实上，人们更倾向于将形式标准与实质性标准结合起来，判断一个股东是否为大股东（控股股东）。谢德仁（2001）将大股东定义为直接或间接（即通过与其他股东的合约安排而实质上）拥有公司有表决权股份的多数，或在公司股权高度分散情形下，因拥有公司表决权股份的相对多数或相对多数席位而实质拥有公司剩余控制权的股东。在这些情况下，大股东实际上成为公司内部人（经营者受其控制），就有可能通过各种手段来侵占小股东和债权人的利益。我国《公司法》（2006）第二百一十七条规定，控股股东是指其出资额占有限责任公司资本总额50%以上或者其持有的股份占股份有限公司股本总额50%以上的股东；出资额或者持有股份的比例虽然不足50%，但依其出资额或者持有的股份所享有的表决权足以对股东会、股东大会的决议产生重大影响的股东。

本书对大股东的界定基本上借用了这种含义。大股东是指在公司的股东中，表决权比例占绝对多数或相对多数，对公司的决策具有决定作用或具有重大影响力的股东，他们是公司的控制性股东，通过直接的或间接的方式实际拥有公司的控制权。在实证研究中，以第一大股东作为大股东的替代；如果大股东被第一大股东替代，则除第一大股东之外的股东都被界定为小股东，即使是第二大股东也将被纳入小股东范畴。在本书的特定问题中，我们有时将持股比例居于第2—5位的股东作为其他大股东，读者能够区别出其在不同背景下的含义。

二、股东权利

股东权利有广义和狭义之分。广义的股东权利泛指股东得以向公司主张的各种权利，即使股东依据合同、侵权行为、不当利得和无因管理对公司享有的债权也包括在内；狭义的股东权利是指股东基于股东资格而享有的应该从公司中获得的经济利益和参与公司经营管理的权利。我国现行《公司法》第4条规定，“公司股东依法享有资产收益、参与重大决策和选择管理者等权利”。股东投资公司的动因就是获得资产收益，所以，资产收益权是股东的目的和归宿，而实现资产收益权的手段和保障是参与重大决策和选择管理者的权利。股东的这些权利可具体化为：①知情权。知情权是股东最基本的权利之一。为确保股东行使知情权，《公司法》规定了股东查阅公司章程、股东会议记录和会计报告的权利，股份公司有将上述文件置备于公司以供股东查阅的义务。另外,《公司法》还要求上市公司及时准确地披露各种必要信息。②提案权。提案权是指公司股东或其他权利人有权就公司的经营管理问题提出自己的建议。当然,提案或建议是否被采纳,依赖于《公司法》或公司章程规定的具体程序。例如,我国的《公司法》和《证券法》中规定,年度股东大会,单独持有或者合并持有公司有表决权总数 5% 以上的股东或者监事会可以提出临时提案。③表决权。表决权是指持有表决权股份的股东有权出席或委托代理人出席股东大会以及各种类型的股东临时会议,并在会议上就有关方案投票表决,发表自己的意见。股东表决权的影响力取决于股东持有表决权股份占总股份的比例。④收益权。股东的收益权是指在没有限制性契约约定的情况下,股东有权要求公司根据法律和公司章程规定,依据公司的经营情况,分派股息和其他应得收益。⑤诉讼权。诉讼权是指当股东的上述权利没有得到必要维护的时候,股东有权利用法律手段对有关侵害他应得利益的主体进行法律诉讼,要求停止侵害行为。

上述权利根据股东权利行使目的的不同可以分为股东共益权和股东自益权。共益权是指股东为参与公司的经营管理为目的或与之相关而行使的权利;自益权是股东为了得到盈余分配或其他利益为目的的权利。如日本、韩国、中国台湾都基本遵循了这样的分类与含义。

我国大陆一些学者也将股东权利分为共益权和自益权。他们认为,自益权泛指股东为从公司获取财产利益而享有的一系列权利;共益权泛指股东为参与公司决策、经营、管理、监督和控制而享有的一系列权利,也可称为“治理权”。中国社会科学院公司治理中心课题组在对我国 2010 年小股东权益保障评价报告——《后股权分置时代小股东权益保护探析》一文中，将小股东基本权益分为三个方面：知情权、管理参与权和投资收益权，其中，投资收益权包括现金股利和资本利得。

由于资本利得来自股东持有股票的买卖价差是一种市场行为，所以，本书的小股东的利益分配权是指现金股利的分配权。

三、利益与收益

利益和收益都有“好处”的意思。日常生活中，对利益并没有具体的定义，更多地表现为人们的一种需求，是人们受客观规律制约的、为了满足生存和发展而产生的、对于一定对象的各种客观需求。利益需要赋予具体内容才有意义，如物质利益、精神利益等。在《韦氏大词典》中对“interest”的定义，冠以“something”“the state of”“a feeling”之类的虚位用语，也反映了这一观点。

本书所说的小股东利益是物质利益，即小股东在企业中追求最大的物质利益，这也符合经济学对公司利益相关者包括股东的普遍假设。

收益是利益的具体内容之一，有其特定含义。“收益”的概念最早出现在经济学中。亚当·斯密（Adam Smith）在《国富论》中，将收益定义为“那部分不侵蚀资本的可予消费的数额”，把收益看作是财富的增加。后来，许多经济学家继承并发展了这一观点。1890年，阿费里德·马歇尔（Alfred Maarshell）在其《经济学原理》中，把亚当·斯密的“财富的增加”这一收益观引入企业，提出区分实体资本和增值收益的经济学收益思想。

从会计学上看，收益是指会计收益，即利润，实质上也继承了经济学上收益的思想，在数量上，“利润=收入-费用”，收入即为产出，费用即为投入，利润即为增值，表现为特定企业在特定会计期间因为交易或事项已实现的收入和相应费用之间的差额。

无论是经济学上还是会计学上，收益的本质是财富的增加。这对股东来说是始终追求的最大“好处”。从这个意义上来说，公司以及其利益相关者追求的是其对公司投资的增值。本书的“利益”与“收益”等同视之，利益最终被具体化为会计利润。

四、小股东利益分配

考虑到利益和收益都有“好处”的含义和公司的目标与性质，我们把利益界定为收益，最终具体化为会计利润。利益分配可以视为公司利润的分配，利润的分配是公司资本的提供者对利润总额进行的分割，债权人和股东是企业资本的提供者，但是，根据公司法的规定债权人收益分配权优于股东。所以，债权人以利息的形式从息税前利润中分得收益，形成公司的息后税前利润。我国的《公司法》规定股份有限公司当年实现的利润总额，按规定调整后，依法缴纳所得税，然后依照以下顺序进行税后分配：

①弥补以前年度亏损。

②提取法定公积金。当年税后利润弥补后的利润，应当提取利润的 10%列入公司法定公积金。公司法定公积金累计额为公司注册资本的 50%以上的，可以不再提取。

③提取任意盈余公积。公司从税后利润中提取法定公积金后，经股东会或者股东大会决议，还可以从税后利润中提取任意盈余公积金。

④股东分配利润。股份有限公司弥补亏损和提取公积金后所余税后利润，按照股东持有的股份比例分配。

从我国《公司法》规定的利润分配顺序上可以看到，股东利润分配内容是公司缴纳所得税、弥补亏损、提取公积金后剩余的利润，这一部分利润为大股东与小股东共享，以现金股利的形式在股东之间按持股比例进行分配。现金股利分配后，仍有剩余利润，作为未分配利润留存于公司，可作为以后在股东之间分配，也可用于企业经营活动，是没有特定用途的“自由利润”，它为公司所控制，即为公司控制权人控制的利润。如果公司的控制权人为大股东，则为大股东所控制。由于分配内容的第①—③项是法定的，公司无权决定其分配水平，不涉及大股东与小股东对利润分配制度的设计问题，只有公司利润按《公司法》的规定将①—③项分配后，剩余的利润有多少属于大股东与小股东共享，有多少由大股东控制完全取决于公司制定的现金股利政策。从这个意义上讲，小股东利益分配制度就是现金股利政策制定的制度设计。

第三节　研究问题的界定

本书从经济学的角度而非法学的角度研究小股东利益分配制度及其法律保护。根据对小股东利益分配等基本概念的界定，小股东的利益分配制度就是公司现金股利分配政策制定制度。由于大股东与小股东在公司的地位不同，在净利润分配过程中存在着利益冲突，这种冲突最终围绕着公司现金股利政策的制定展开。所以，本书研究的内容被具体化为以下三个问题。

一、小股东利益分配制度的形成

据研究统计，目前，我国上市公司的股权结构高度集中，小股东的法律保护又不完善，这决定了我国上市公司的主要代理问题是大股东与小股东之间的利益冲突——大股东侵害小股东的利益。由于大股东在公司中拥有控制权，所以，大股东与小股东的利益内涵不同,在公司以现金股利的形式分配利润时,大股东对现金股利政策的决策沿着其利益最大化而非效率原则的路径演进。那么,我国上市公司中,大股东与小股东的利益存在什么样的差异?这种差异是如何产生的?是否存在大股东侵害小股东的利益?现金股利分配政策在大、小股东的利益冲突中扮演着什么角色?意味着什么?这些问题构成了本书的第一部分主要内容。

二、股权结构对小股东利益分配制度的影响

公司治理结构是公司处理公司各种合约,规范和协调公司中各利益主体之间关系的一种制度安排框架。它决定了公司权力的配置和权力的主体在公司中分享利益多少与实现路径。在我国上市公司中,股权高度集中和普遍存在大股东的治理结构把公司权力主要配置给了大股东,公司的主要代理问题是大股东与小股东之间的利益冲突,这样,大股东在公司利益分配过程中,对小股东利益分配将产生两个方面的影响:(1)大股东决定了小股东利益分配的内容与实施路径。因为,在“资本雇佣劳动”的治理逻辑下,内部治理的权利按其投资份额获得,股东拥有股份的多少决定了股东权力及股东在公司中的地位,进而决定了公司利益分配政策制定和实施的影响程度。(2)股东持有股份的比例和股东的身份特征决定了股东之间利益的一致性和股东对利益分配政策的不同偏好。现金股利分配政策作为股东共享利益分配的具体形式,关系到现金流在大股东与小股东之间的分割。当大股东与小股东之间存在利益冲突时,大股东必然会运用这种权力,以自身利益最大化为行为目标,制定有利于实现其利益最大化的现金股利政策。所以,股权结构对利益分配政策的影响必然使现金股利分配政策反映大股东的意志与利益倾向。

三、法律保护对小股东利益分配制度的影响

本部分在对不同法律渊源的股东权益法律保护进行比较后，梳理我国对小股东权益法律保护的法制建设进程，研究不同阶段的法律保护进行中，小股东利益分配——现金股利分配政策——所表现出来的特征；通过对在中国大陆和中国香港交叉上市公司现金股利分配政策的研究，进一步揭示不同的法律体系对现金股利分配政策的影响；通过研究股权分置改革对现金股利分配政策的影响，为检验股权分置改革的效果提供证据。

第二章　文献综述

小股东利益分配制度具体表现为现金股利的分配政策。与小股东相对的是大股东，由于其在公司中拥有控制权，大股东会获得控制权私人收益。在现金股利分配政策制定过程中，通过侵占小股东利益，获得更多利益是其控制权私人收益的主要内容。所以，本研究的文献综述主要包括四部分：大股东利益侵占理论、现金股利理论、小股东法律保护与小股东利益分配关系以及现金股利分配政策公告效应的研究综述。

第一节　国外大股东利益侵占理论研究综述

国外大股东侵占小股东利益的研究源于发现公司所有权的高度分散并不普遍存在，许多企业存在着控股股东。米恩斯和伯利（Berle and Means，1932）所有权与经营权分离的范式里的股东与经营者之间的代理问题，演化成大股东与小股东之间的代理问题：大股东侵占小股东的利益。

一、大股东控制普遍存在

大股东控制的存在是大股东侵害小股东利益的前提，大股东侵害小股东利益的研究也源于对"大股东控制普遍存在"的发现。对美国（Shleifer et al.，1986）、意大利（Zingales，1994）、法国（Franks and

Mayer,1994)三个国家上市公司所有权的研究表明,50%的上市公司中都有一个主要股东。La Portaetal(1999)对世界上 27 个富裕国家各自最大的 20 家公开上市公司的最终控制权结构进行的调查结果表明,样本公司中有 64%的大企业存在控股股东,而只有很小的比例是真正的股权分散结构。在意大利和瑞典,大部分上市公司都处于控股股东的严密控制之下(Zingales,1994;Cronqvist 和 Nilsson,2003)。Lins Ket al.(2002)研究发现大股东控制造成了投票权与现金流权的高度分离,构成东亚新兴市场国家和地区企业的一个重要特征,在 22 个新兴市场上,58%的公司至少有一个控股股东。

Faccio 和 Lang(2001)将 13 个西欧国家的股权结构进行比较发现,在 5232 家上市公司中股权高度集中(英国和爱尔兰除外),44.29%由家族控制。在德国,家族控股的企业占 20.5%(Franks 和 Mayer,2001)。在新兴市场上,股权的集中度更高。Claessens et al.1999)对亚洲公司情况的调查研究表明,从总体上看只有日本公司的股权较为分散,其余亚洲公司大都存在着控制性股东,且有近 2/3 的国家上市公司最终控制权由家族持有。甄红线(2011)对中国及东亚其他 9 个经济体上市公司的终极所有权结构的研究表明,除日本外,东亚 9 个经济体都表现为集中的终极所有权结构特征,且存在着控股股东,只不过控股股东的身份不同而已。东亚 8 个经济体(日本除外)的终极控股股东主要为家族,中国则为政府。

二、大股东对小股东利益的侵占

在股权高度集中,大股东普遍存在的情况下,一些学者开始思考在所有权与控制权并未完全分离的公司中的代理问题——大股东对小股东之间的利益冲突。Shleifer et al.(1997)提出:在大多数国家的大型公司中,基本代理问题并不是全体股东和经理之间的冲突,而是大股东与小股东之间的利益冲突。

大股东与小股东之间的利益冲突表现为大股东对小股东利益的侵害,以获得控制权私人收益。Fama and Jensen(1983)、Ensen and Ruback(1983)、De Anglo(1985)、Demsetz and Lehn(1985)等人认为,持有大宗股权的股东往往会得到与他所持有的股份比例不相称的、比一般股东多的额外收益,这部分额外的收益就是大股东侵占小股东的利益。他们并实证了这种利益侵占的存在性。Grossman 和 Hart(1988)强调,公司中如果存在持股比例较高的控股股东,那么就会追求只为大股东享有而不能为其他股东分享的控制权私人收益。Shleifer and Vishny(1997)的研究表明,一旦股权集中在控股股东手中,他们常常利用控制权,以公司的资源谋取私利,从而损害了其他股东的利益,导致控股股东掠夺小股东问题的发生。Daniel Wolfenzon(1999)提出,当某一公司被大股东控股后,对小股东利益侵占的可能性就会大大提高。Pagan and Roell(1998)、Johnson et al.(2000)也认为大股东常常将上市公司的资源从小股东手中转移到自己控制的企业中去。Edwards 和 Weichenrieder(2004)对德国市场的研究也发现,在金字塔式的公司所有权结构下,控制性股东更加追求获得控制权私人收益,进而损害企业价值。

三、大股东侵占小股东利益的形式①

大股东可能以多种形式将公司资源输送给大股东,避免与小

① 参见罗党论:《大股东利益输送与投资者保护研究述评》,载《首都经济贸易大学学报》2006 年第 2 期,第 22—26 页。

股东共享这些资源,从而导致对小股东利益的侵占。Johnson、Simon、Rafael La Porta、Florencio Lopez de Silanes and Andrei Shleifer(2000)将利益输送(tunneling)形式概括为两种:第一,大股东可以通过自我交易从企业转移资源,以获取控制权私人收益。这些自我交易即包括在世界各国都受到法律禁止的行为,如直接的"偷窃和舞弊"(outright theft and fraud),也包括以利己而有损于小股东的价格销售资产和签订各种合同,如转移定价、过高的管理层报酬、债务担保、对公司投资机会的侵占等。第二,大股东可以不必从企业转移任何资产而增加自身在企业利益中的份额,如稀释其他股东权益、冻结少数股权、内部交易、渐进的收购行为(creeping acquisitions)以及其他对小股东不利的各种财务交易行为。Djankov、La Porta, Lopez de Silanes 和 Shleifer(2005);Craig Doidge、G.Andrew Karoly、Karl V.Lins、Darius P.Miller、Rene M.Stulz(2005)的研究表明,控制性股东通过关联交易转移公司资产来提高自身收益的行为,包括违反法律的直接造假行为和法律没有明确规定的关联交易中的优势定价、在职消费以及占有公司机会等行为。Bebchuk 等(1999)、Wolfenzon(1999)的研究结论表明,大股东通过在集团内、公司之间的商品和劳务交易以及资产和控制权转移,来掠夺上市公司的财富,侵害小股东的利益。Bertrand 等(2002)发现,在印度,大股东通过金字塔结构或交叉持股方式,大肆转移上市公司的资源,严重激化了大股东与小股东之间的利益冲突。La Porta 等(2000b)、Faccio 等(2001)从股利的代理理论出发,研究了大股东与小股东之间的代理问题,大股东把现金股利分配政策变成了侵害小股东利益的一种工具。Aslan and Kumar(2008)则从债务融资角度研究了控股股东侵占,发现在股权集中市场上,债务融资并非如 Jensen(1986)所言,可以抑制公司内部代理问题,反而便于控股股东侵占。

四、大股东利益侵占度量

大股东利益侵占的度量是非常困难的,正如 Dyck 和 Zingales (2004)所说:“直接测量控制权私人收益是非常困难的。只有当证实或者发现控制性股东攫取公司资源来获得个人收益的行为非常困难或者不可能时,控制性股东才会这么做。如果控制权私人收益很容易度量,那么这些收益就不是私人的,因为外部股东可以通过法律来要求补偿这部分损失。”为了度量控制权私人收益,只能采用间接的方式。回顾当前文献,主要的间接测量方法有两种:一种是以 Barclay 和 Holderness(1989)为代表的基于大宗股权转让的交易溢价来估计控制权私人收益水平;另一种是以 Zingales (1995),Nenova(2003)为代表的基于具有不同投票权的股票价值计算的投票权溢价来估计控制权私人收益水平①。

第二节 我国大股东利益侵占理论研究综述

在我国,对利益侵占的研究并不像国外那样系统,主要集中在以下三个方面。

一、大股东利益侵占的存在性

大股东侵害小股东利益几乎成了人们研究我国上市公司代理问题的一个不用证明的命题。中国上市公司中控股股东恶意侵害

① 参见贾明、张喆、万迪昉:《控制权私人收益相关研究综述》,载《会计研究》2007 年第 6 期,第 86—96 页。

小股东利益问题相当严重（孙永祥，2002；唐宗明、蒋位，2002；刘彤，2002；董秀良、薛丰慧，2003）。冯根福（2004）认为，现代公司治理所要解决的突出问题不但是要解决全体股东和经营者之间的利益冲突，还要解决控股股东与小股东之间的矛盾，提出了双重委托代理理论分析控股股东与经营者之间和小股东及其代理人之间的两种委托代理问题。唐宗明、蒋位（2005）认为我国上市公司治理的关键问题是在集中的大股东控制的所有权结构中，大股东对小股东的利益和上市公司资源的侵占，并通过控制权溢价证明了这种侵占的存在性。马贤明、魏刚（2004）通过对我国股权集中度的统计及公司治理结构的分配，指出在我国存在着大股东对小股东利益的侵占，并探讨了保护小股东利益的机制。张屹山、董直庆、王林辉（2005）认为，股权相对或高度集中的我国上市公司存在着大量的大股东侵占小股东利益的行为，而这种侵占又是股东权力天然非对等的必然结果。同是物质资本所有者，不同股东由于目标不同，其行为存在巨大差异。他们从股东的权力禀赋入手，以 Nash 双人讨价还价模型为基础，建立大股东与小股东权力博弈模型，推演出大股东侵占小股东利益的权力博弈过程和实现机制。雷光勇等（2007）、王化成等（2007）从股利政策角度探讨了控股股东利益侵占问题。俞红海、徐龙炳、陈百助（2010）通过动态模型方法，研究了终极控股股东控制权与自由现金流对过度投资的影响发现，股权集中、控股股东的存在会导致公司过度投资。这一结论从公司投资行为角度为控股股东利益侵害提供了新的证据。

二、大股东利益侵占的方式

刘峰、贺建刚（2004）将我国上市公司向大股东输送利益的方式和手段归为直接与间接占用、关联交易中的资产购销和产品购销、派发高现金股利和其他,并实证检验了上市公司在不同的股权集中区域对不同利益输送方式的偏好。张祥建、徐严晋(2005)论证了上市公司大股东对小股东的利益侵占的存在性及利用再融资挖掘利益输送"隧道"。陈红、吴卫华(2011)认为现金股利政策是一把双刃剑,既可以是投资者寻求权益回报的一种渠道,也可以成为控股股东进行公司资源转移的隐蔽工具。

三、大股东利益侵占的度量

唐宗明、蒋位(2002)运用事件研究法,以转让价格的溢价作为度量大股东侵害小股东利益的指标,对我国上市公司大股东侵害小股东利益的程度进行了研究,研究结果表明,我国上市公司大股东平均侵害程度不高(我国平均溢价 6%,低于各国平均溢价水平),但个别大股东对小股东的侵害却极其严重。

施东晖(2003)以控制权交易和小额股权交易的价格差额作为控制权私人收益的替代变量,研究了我国上市公司的控制权私人收益水平,结果显示,我国上市公司的控制权价值平均为 24 %,稍高于国际平均水平。作者认为,这种控制权价值主要来自控股股东对公司的"掏空"行为以及公司本身具有的"壳"价值。

叶康涛(2003)通过分析我国上市公司非流通股转让交易中,控股股份与非控股股份在转让价格上的差异,对我国上市公司控制权的隐性收益进行了定量分析,发现我国上市公司控制权的隐性收益水平约为流通股市价的 4%,相当于非控股股东的非流通股转让价格的 28%,要高于美国、加拿大、瑞典等国公司控制权隐性收益的研究结果,而与意大利等国证券市场的研究结果较为接近。

第三节　现金股利理论:从缓解利益冲突到利益侵害假说的演化[①]

1956 年,Lintner 对现金股利开创性的研究揭开了现金股利研究的序幕。1961 年 Miller and Modiglian 两人提出了著名的“股利无关论”即现金股利的“MM 理论”,该理论的假设为以后现金股利的研究和理论的形成提供了一个基本支点。在此后的 40 多年里,经济学家们以此为支点,以放松“MM 理论”的假设为研究轨迹,最终形成了汗牛充栋的现金股利理论。在此,我们无意对所有现金股利理论的研究成果进行综述,只对与本书相关的部分进行梳理和回顾,并进行简评。又由于本书研究的是大股东与小股东在现金股利分配中存在的代理问题,所以,本书的综述以现金股利代理理论为立足点,围绕着大股东和股东法律保护对现金股利的影响展开。

现金股利代理理论的理论渊源是公司代理理论。学者们将代理理论的基本思想引入对现金股利的研究中,试图以现金股利在解决公司代理问题中的作用来解释公司的现金股利支付行为,形成了现金股利代理理论。这一理论随着人们对公司股权结构认识的变化,经历了从代理成本理论到利益侵占假说的演化。

一、国外研究述评

(一)股权分散下的现金股利代理成本理论

现金股利代理理论最初源于 Berle 和 Means 关于现代公司股

① 参见袁振兴:《股权结构和小股东法律保护对现金股利的影响研究》,财经科学出版社 2007 年版。

权高度分散,所有权与经营权高度分离的论断,以及在这样的公司里主要代理问题是经营者与全体股东之间利益冲突的现实经济背景。于是,其研究的内容也围绕着现金股利在经营者与全体股东之间的利益冲突中所发挥的作用展开。该理论引入了公司代理理论中代理成本的概念作为基本内核,其基本思想是把公司的高现金股利政策看作降低代理成本、缓解经营者与全体股东之间代理问题的一种机制。所以,最初人们又将该理论称为现金股利代理成本理论。

1.Rozeff 的研究:最早将代理成本引入现金股利政策的研究

最早将代理成本应用于股利政策研究的是约瑟夫(Rozeff,1982)。他认为现金股利会对降低代理成本作出贡献,因为,支付现金股利的政策:①会给经营者带来压力以确保产生足够的现金支付股利;②可能迫使经营者为他们的投资项目筹集外部资金。这样能够使投资者观察到所筹新资金的用途,并可能确定新的资金提供者的身份,便于监督;③可以减少经营者所控制的,为谋求控制权私人收益而浪费在不盈利的投资项目上的现金。所以,公司的高现金股利支付政策能够降低代理成本,投资者将从中受益。

Rozeff 的研究还提供了一个现金股利决策过程模型。它强调任何理性的股东都希望经营者最小化与外部证券筹资相关的交易成本。这个因素本身强调了盈余的保留,因为通过外部证券筹资的成本是高昂的。作为与交易成本的一种权衡(Offseting),现金股利在降低代理成本方面的积极作用将受到制约。所以,根据这个模型,现金股利政策是交易成本和代理成本平衡的结果。"最优或理想的股利支付水平是最小化显性的筹集新资本的交易成本与由经营者行为导致投资不确定性产生的隐性代理成本权衡的结果"(Rozeff,1982)。

为了检验这个模型,Rozeff 运用了下面的一个多元回归方程进行检验。

$$Pay = C + \alpha_1 \times INS + \alpha_2 \times GROW_1 + \alpha_3 \times GROW_2 + \alpha_4 \times BETA + \alpha_5 \times STOCK + \varepsilon$$

检验结果表明,在所预测的方面,所有自变量都是显著的,这样证实了一个假设:基于股东对经营者决策控制的缺失,股东需要现金股利。因此,人们认为现金股利能降低代理成本。

Rozeff 首先看到了现金股利在减少经营者滥用公司现金流谋取控制权私人收益方面的积极作用,并以此为立足点,讨论了现金股利在经营者与股东之间的利益冲突中所扮演的角色。但是,在 Rozeff 的研究里,没有具体界定代理成本的内容,在实证中也只是用内部人持股比例和普通股股东的数量作为代理成本的替代。在研究思路上,仍然沿用了"MM 理论"研究的逻辑,将现金股利政策作为一个公司内部融资问题进行研究,并最终认为现金股利政策是代理成本与交易成本相权衡的结果。此外,他只将交易成本与公司成长、投资政策联系起来,没有将代理成本与公司成长、投资政策联系起来,所以,他在运用 Jensen 的代理成本思想研究现金股利政策时,只使用了"现金流量"的概念,而没有像 Jensen 那样使用了考虑公司成长所需投资之后的"自由现金流量"的概念。Rozeff 也没有专门研究现金股利是"如何"降低代理成本的,而只是将代理成本看作是影响公司现金股利政策的一个因素。因此,Rozeff 的研究并没有形成系统的理论内涵。不过他将代理成本引入对现金股利政策的研究,为以后现金股利代理成本理论的研究开了先河,从这一点来看其贡献不可小觑。

在 Rozeff 之后,现金股利代理成本理论的基本思想主要由 Eaterbrook(1984)和 Jensen(1986)来完成的。

2.Eaterbrook 的股利代理成本论

伊斯特布鲁克(Easterbrook,1984)在《美国经济论坛》上发表的《关于股利两种代理成本的解释》表述了他对现金股利政策的基本观点,在这些观点中,伊斯特布鲁克将公司的代理成本分为两类。第一类为监督成本。他认为经济学文献关于股利政策的讨论均是建立在经营者为股东之完美代理人的假设基础上。但是,现实并非如此,经营者并非剩余索取者,与公司其他相关利益者之间存在着巨大的利益差异。所以,他们其实不是公司其他相关利益者(包括股东在内)的完美代理人,只要有可能经营者就会尽其所能追求自身的利益最大化,甚至侵占其他人的利益。因此,公司必须要建立相应的机制以确保经营者能最大化其他相关利益者的利益。而建立相关机制就必然要付出一定的成本,即 Jensen 所说的代理成本。伊斯特布鲁克将这些代理成本分为两种:一种是与经营者厌恶风险相关的代理成本;另一种是与监督相关的成本。在重温 Jensen(1976)代理成本之后,伊斯特布鲁克指出经营者对待风险的态度也是产生代理成本的根源之一。经营者是厌恶风险的,他们往往倾向于选择风险较低、收益也较低的投资项目,但股东对待风险的态度却正好相反,他们偏好风险,喜欢风险较高、收益也较高的投资项目,所以,“股东要经营者也像风险偏好者一样行事”(Easterbrook,1984)。不过追求高风险、高收益的结果乃是以牺牲债权人的利益为代价。当债权人充分认识到股东和经营者的行为后,他们必然会通过各类法律条款或工具来约束经营者的行为。伊斯特布鲁克(1984)指出:“其中他们可以采用的方式之一就是挑选股利政策。”按照伊斯特布鲁克的看法,如果债权人可以要求经营者限制股利的支付,把现金截留于企业,作为留存收益,再用留存收益满足投资项目所需要的资金,这样就能够降低公司的负债权益比，从而降低公司的风险，让债权人收回本息的权利得到充分的保障。这种做法实际等于把股东的财富转移给债权人。

另外，伊斯特布鲁克看到了现金股利在降低代理成本方面的积极作用——高现金股利对经营者能起到监督作用。他认为，较高的连续的现金股利支付政策可以迫使公司到外部市场融资，以继续他们的经营活动。这样做，公司经营者一方面需接受新投资者、市场监管和中介机构等的监督和审查，使经营者按照最大化股东利益的原则行事，从而降低了原来投资者的代理成本；另一方面，公司能调整债务股权比率（获得新的贷款利率）以使股东和债权人都不能占优势，促使经营者自觉面对风险，从而增加了股东的利益。即使发放现金股利的同时，没有从资本市场上筹集新的资本，也会使公司的债务股权比率增加，以致股东的财富不能转移给债权人。不断从市场上筹集新资本更为重要的意义在于为经营者引入良好的监督机制。如伊斯特布鲁克（1984）所说，“能让公司持续地在资本市场上获取资金的最重要的代价在于资本的提供者都是对经营者非常棒的监督者”。

最终，“在伊斯特布鲁克看来，股利就像是一架钟摆，它不仅可以减少经营者产生的代理成本，而且可以通过利益的重新分配来防止公司某一部分相关利益者从其他相关利益者那里攫取财富”。

与 Rozeff 相比，伊斯特布鲁克的理论将公司的代理关系扩大了，从经营者与股东之间扩展到了债权人与公司（包括股东和经营者），并看到了现金股利政策对经营者、股东和债权人利益的影响；清晰地界定了代理成本的内容，并以此为中心讨论了现金股利影响代理人行为的机制，得出高现金股利是抑制经营者滥用股东现金，缓解经营者与股东之间代理问题的机制，同时，也是股东

(或股东与经营者合谋)将债权人的财富转移给股东的机制。

因此,伊斯特布鲁克(1984)在解决现金股利是"因何"和"如何"减少经营者的代理成本方面作出了重大贡献。但是,他的理论存在一个比较大的缺陷——难以实证检验。伊斯布鲁克也承认他的观点"很难进行实证检验","设计一项实证检验的难度是难以克服的"。

3.Jensen 的自由现金流量假说——与伊斯特布鲁克殊途同归

Jensen 将"自由现金流量"的概念引入了现金股利代理理论的研究中,从另一个方面研究了现金股利是如何降低代理成本的。Jensen(1986)提出了自由现金流量假说,指出"经营者手中控制过多的现金资源是危险的,他们会为了谋求自身利益的最大化而滥用这些资金",要遏制其滥用公司的"多余现金——自由现金流量",最有效的办法就是减少经营者可自由支配的现金资源,股利即是其中最直接的手段之一。通过增加现金股利支付或回购股票,把自由现金流量还给股东,可以避免把自由现金流量浪费在低收益的项目上,因此股利的支付有利于投资者代理成本的降低,实质性地提升公司的价值。这样的现金股利可以减少自由现金流量的假说最终又归结到了代理成本理论之上,这与伊斯特布鲁克的观点有异曲同工之妙。

Jensen 的研究引入了"自由现金流量"的概念,大大提高了现金股利代理成本理论的可实证性,把委托人与代理人之间的利益冲突集中在对公司剩余现金的争夺上,从这个意义上来看,"自由现金流量"假说,使现金股利在降低代理成本方面的作用更加直观,易于理解。

之后,关于现金股利代理理论的研究基本上是对伊斯特布鲁克和 Jensen 理论的检验与应用。

Lins(2002)用内部人持股比例、独立董事在董事会的比例、有无外部大股东等变量表示其他代理问题控制机制,结果发现没有证据表明当美国公司存在其他有效的代理问题控制机制时市场不关心超额现金的水平,即不能否认股利代理成本降低的作用。Bajaj.M. and Vijh, A. M. (1999)、John, K. and Lang, L., (1991) 和 Frank, M. and Jagannathan, R. (1998) 等证明了伊斯特布鲁克关于现金股利具有缓解代理问题作用的前提——公司再融资使经营者被迫接受外部投资者、银行和市场等的监督——是存在的。Fluck (1998b) 和 Myers(2000) 也提供了现金股利代理理论模型,认为经营者支付现金股利是为了避免股东对其处罚。Dewenter, K. L. and Warther V.A. (1998) 对现金股利作了一个综合分析,也表明现金股利的支付与经营者持股和财务杠杆一样具有监督作用,并可以成为两者的替代。

4.对现金股利代理成本理论的一个简单评述

代理成本理论实际上是对"MM 理论"假设中"委托人与代理人之间无利益冲突"的放松,研究了在放松该假设的情况下公司的现金股利支付政策,使理论研究更加向现实靠近了一步。

首先,该理论将公司代理理论引入现金股利政策的研究,认识到经营者不是股东完美无缺的代理人,与股东存在着利益冲突,开创了现金股利理论研究的新领域,代理成本与自由现金流量概念的引入,为以后现金股利代理理论的研究奠定了坚实的基础;其次,摆脱了现金股利是对投资者回报的局囿,不再将现金股利看作是一种"利益均沾"的利润分配,而是将把公司高现金股利政策看作一种缓解代理问题的机制,把低现金股利政策视为经营者对股东利益的侵占。这一内容成为现金股利代理理论的基本思想,从而也使现金股利政策与公司治理的研究结合了起来。

但是，代理理论也存在着以下几个方面的局限性。

第一，该理论研究的经济背景是股权被广泛持有，即股权高度分散，并假定股东是同质的。所以，它关注的是经营者与全体股东之间的问题，并没有注意到由于多数决定机制使持有不同股份的股东对公司决策具有不同的影响力和不同身份的股东之间存在的利益冲突。也就是说，它并没有关注大股东与小股东之间的代理问题——大股东对小股东利益的侵占。尤其是当公司股权高度集中时，这种局限性更为突出。

第二，它把法律完备和监管严格作为问题研究的既定条件。没有考虑在这些条件不具备的情况下，股东权益的法律保护程度会影响股权结构的变化，从而使代理问题发生演化。例如，当对股东的法律保护较弱时，可能引起股权的高度集中，使公司的主要代理问题从经营者与全体股东之间的代理问题转化为大股东与小股东之间的代理问题。所以，它没有把法律对股东权益的保护纳入研究的视野。

第三，它以市场的监督机制完全有效为前提，即市场能够较迅速地识别股利政策本身所传递的信号，并进行合理的定价，向投资者传递有效的信息。当股利政策向市场传递“坏”信号（如高代理成本），市场可以通过降低公司价值来“惩罚”管理层和控股股东。而近年来市场上的一些事件表明，市场不能积极有效的识别上市公司中的高代理成本行为，比如，安然、世界通信、泰科事件中，管理层虚增利润、鲸吞公司财产的行为，并不是市场及时发现并通过价格进行反映，而是因为非市场因素所引发的。

第四，该理论没有更好地解决经营者发放高现金股利的动力和能力的一致性问题。既然，高现金股利是监督经营者的一种机制，在股权高度分散的情况下，控制权旁落在经营者手里，股东由于“搭便车”和监督、行权成本过高等原因，很少有对经营者进行监督的动力和能力，那么，在无监督的情况下，经营者如何才能支付较高的现金股利，主动接受监督呢？这一问题的存在，使高现金股利监督经营者的效能受到质疑。尽管有人提出了声誉理论，对其进行解释，但是，这并不是问题的全部。

最后，该理论过分依赖于经营者需要从外部市场筹资的前提。如果对一个经营成熟而不需要从外部筹资或者是一个单期博弈的经营者来说，这一理论结论的前提可能就不复存在，所以，把经营者从外部资本市场上筹资的需要作为发放现金股利的动力，是非常有局限性的。

（二）股权集中下的现金股利利益侵占假说

1.Shleifer and Vishny 的现金股利利益侵占假说

现金股利利益侵占假说源于人们发现了与 Berle 和 Means（1932）所描述的不同的一种公司股权结构——股权集中而非分散。许多的实证研究发现，在一些国家的公司里，股权集中是公司股权结构的另一种常态①，其主要代理问题是大股东对小股东利益的侵占。其中侵占方式之一就是制定有利于大股东的现金股利政策。

---

① Zingales（1994）发现在意大利的上市公司中，控股股所持具有投票权的股份比例超过 50%；法国有 79%的上公司具有一个主要股东（Franks and Maven 1997）。Claessens et al.（1999）对东亚 9 国共 2980 家上市公司进行分析，发现除了日本是金融机构为控制性股东外，其余国家中三分之二的控制权都被以家族为主的最终控制者持有；La PorLa et al.（1999）调查了 27 个发达国家大型上市公司也发现，样本中有 68. 59%的公司存在控制股东，即大部分公司都存在着控股股东；根据 Sh1eilfer et al.（1986）的研究，即使在美国的许多大公司，也存在所有权在相当程度上集中于几个家族及富有投资者的现象。

Shleifer and Vishny(1986)最早研究了现金股利在解决大股东和小股东之间利益冲突中所发挥的作用。他们从小股东的角度出发,认为现金股利是一种小股东为了使大股东继续持有股份从而对公司管理层进行监督、发现公司价值改进机会的补偿机制。这时,他们并没有深刻揭示大股东与小股东之间的矛盾冲突,而只是简单地描述了大股东与小股东之间委托代理关系的形成原因,把大股东看作股权分散情况下经营者的替代罢了。更为深刻研究大股东与小股东之间围绕着现金股利政策展开的利益冲突是他们以后的研究。

Shleifer and Vishny(1997)认为在上市公司中,大股东对上市公司资源的侵害度和侵害方式,会因其他小股东对现金流索取权的差异而有所不同。当大股东对上市公司的控制权力越大,而且控制权与现金流权越趋于一致的时候,大股东实现自己利益的成本也越小。因此,在控制权与现金流权一致的情况下,大股东应当会倾向于选择成本最低且受法律保护的方式来实现自己的利益。于是,上市公司制定高现金股利支付率的政策成为其必然的选择。股权越集中,大股东持股比例越高,则派发现金股利的成本就越低,大股东就越有动机按正常途径分派股利,而不是通过其他非正常途径侵占小股东的利益来实现自身利益的最大化。

在 Shleifer and Vishny 之后的研究基本上是从两个方面研究股权结构对现金股利的影响:一是大股东持股比例对现金股利政策的影响;二是股东类型对现金股利政策的影响。在股权集中的公司中,这两个方面往往同时被放在一起进行研究的。

C.Benjamin Maury and Anete Pajuste(2002)研究了芬兰上市公司控股股东与小股东之间的代理问题和现金股利之间的关系发现,控制权集中度与现金股利/收益比率是负相关的,这可以解释为大股东私人收益的存在。一个大控股股东或一个大股东同盟有不按比例向所有股东分配的偏好和能力，说明了所有权集中度对现金股利支付率的负影响不仅由唯一的大股东的表决权的集中度决定，而且也受第二大股东的影响。第一、二大股东可能合谋通过低现金股利获取私人收益，而不是与各小股东共同分享。在芬兰，不同类型的控股股东对现金股利政策的影响中是否存在着系统性差异，如果 CEO 在公司的前三大股东之中，公司的现金股利支付水平的中位数较低，而私人投资者（非控股股东）一般来说，倾向于较高的现金股利而不是低的现金股利。

Klaus Gugler，B.Burcin Yurtoglu（2003）实证证明了德国上市公司中控股股东的类型对现金股利有着不同的偏好。现金股利的支付随着第一大股东的控制度——以大股东持有表决权的比例来度量——的增加而降低，而第二大股东的规模与现金股利的支付率正相关，从而证明了第一大股东偏好低现金股利政策，以获取更多的私人收益，第二大股东对第一大股东具有监督作用。

George M.Frankfurtera，Bob G.Wood Jr.（2002）证明了第一大股东之外的其他大股东的作用，认为其他大股东有激励去制衡和监督第一大股东，并且也有能力这样做，所以，在现金股利支付率与其持股比例正相关。

Faccio，L.Young and Lang（2001）在研究股权结构对现金股利政策的影响时，发现附属某一集团的公司在欧洲比在亚洲支付更高的股利，这抑制了内部人——大股东——的利益侵占。通过考察派现行为与所有权、控制权结构如何相关，发现了基于广泛的公司金字塔结构的系统性侵占外部股东利益的证据：存在于一个由不少于 20%控制权的公司组成一条控制链的商业集团，在控制链“紧密附属于”该商业集团的公司，如果其所有权/控制权比率较低，它们派发的股息显著较高。与之相比,对于不紧密附属于集团的公司,较低的所有权/控制权比率伴随着显著较低的现金股利支付率。

Angeldorff and Novikov(1999)称,在瑞士,由私人所有者控制的公司有较低的现金股利水平。进而 Cronqvist and Nilsson(2000)强调表决权超过现金流权的家族控股股东的代理问题比公司或财务机构更加严重,控股股东对现金股利政策的控制也更强。

2.现金股利利益侵占假说的简评

现金股利利益侵占假说是在股权集中的背景下,运用现金股利代理成本理论的基本思想解释大股东与小股东之间利益冲突。实际上是代理成本理论在股权集中公司的延伸,所以,更多的人还是把它作为现金股利代理理论的拓展,构成代理成本理论的一部分,很难说它是一个独立的理论体系,因此,我们将其称为假说。

从研究的内容看,现金股利利益侵占假说主要研究了大股东持股比例、大股东类型对现金股利政策的影响以及其他大股东对第一大股东的作用。与代理成本理论相比有以下改进:

第一,认识到了公司股权结构广泛分散的另外一种常态——股权集中,以及由此产生的代理问题的演化:从经营者与全体股东之间的利益冲突演化为大股东与小股东之间利益冲突,此时,股东不再是同质的。于是,研究的重点也变为在股权集中的公司中,大股东与小股东利益冲突是如何决定现金股利政策的。这对代理理论从内容和范畴上是一个补充。

第二,它很好地解决了支付与不支付现金股利的动力与能力一致性问题。大股东在公司中拥有控制权,有能力使公司的现金股利政策最大化自己的利益,而忽视小股东的利益,甚至以小股东的利益为代价。所以,该假说尖锐地称之为“掠夺或侵占(Expropriation)”

第三，这一假说注意到了另外一个问题，法律对小股东的保护不完善、市场监管不完全有效，于是，提出了小股东法律保护思想。这一思想的提出开辟了现金股利研究的一个新领域——法律保护与现金股利政策的关系①。同时，在股权结构集中度与现金股利之间又架起了一座桥梁。因为，法律保护影响了股权集中度，而股权集中度又决定了公司的治理结构，进而影响到现金股利政策的制定，所以，人们也将公司治理纳入了法律保护研究的范围，或者把法律保护看作是公司的治理。总之，它扩展了人们研究的视野。

但是，它也有以下不足的地方。

第一，没有研究持有不同权利股票的股东对现金股利的偏好。在大股东侵占小股东利益的研究中，有一种大股东侵占小股东利益的股权结构——公司同时发行不同权利的股票，如同时发行优先股和普通股，而在我国有流通股与非流通股的股权结构。对在这种股权结构下，大股东利用现金股利侵占小股东利益的情形没有研究。

第二，无论是代理成本理论还是利益侵占假说，研究的现金股利都是指收益性现金股利，对其他性质的现金股利（如权益性融资现金股利）没有研究，而这种股利在特定情况下，对不同性质股东的利益产生不同的影响。这一点在我国资本市场上有所表现，这一点在本书中将进行研究。

二、国内研究述评

（一）关于现金股利代理成本理论的研究

1.现金股利是否具有降低代理成本的作用

魏刚（2000）从代理理论的角度指出，股利支付是上市公司大

① 这一部分单独作为一部分进行综述。

股东减少代理成本的一种途径。吕长江等(2003)以1997—1999年间231家上市公司为分析样本,研究发现管理层持股比例越低、盈利能力越强、公司股本规模越大,则公司股利水平越高。他们同样从代理理论的角度对该现象进行了解释,认为在降低代理成本方面,管理层持股比例与股利水平可相互替代地发挥作用。何涛、陈晓(2002)以回归分析法研究了纯现金股利对公司价值的影响,结果发现,"纯"现金股利信息对股票的超额回报没有显著影响,不能显著提高公司的市场价值,如果公司的代理问题主要是流通股东与非流通股东之间的利益冲突,则可以得出现金股利在降低代理成本方面所发挥的作用是有限的。

2.代理成本理论模型在我国的适用性检验

吕长江、周县华(2005)从公司治理结构安排的角度系统研究了2001年管理层出台新政策后公司的股利分配动机,对"代理成本假说"和"利益侵占假说"进行了验证。结果表明,降低代理成本假说和利益侵占假说都在不同程度地发挥作用,集团控股公司适合降低代理成本假说,而对政府控股公司而言,用利益侵占假说解释其股利分配动机更为恰当。他们进一步发现,针对我国特殊的股权结构特征及流通特征,现金股利在中国资本市场中具有"双刃剑"的作用,这种作用使小股东处境困难:如果发放现金股利,则其利益会不自觉地被侵占;如果不发放现金股利,则会增加代理成本。肖珉(2005)对"自由现金流量假说"和"利益侵占假说"在我国适用性进行验证,利益侵占假说更适合用来解释我国的现金股利政策。

3.股东持股比例、股东类型对现金股利政策的影响

王信(2002)通过比较A股与H股上市公司在派现比例上的差异认为,我国A股上市公司低派现是由于上市公司内部的"一

股独大”。应展宇（2004）以1992—2002年的A股上市公司为研究样本从股权分裂的角度分析我国上市公司的股利分配问题，认为由于股权分裂的存在，我国上市公司的股利支付意愿整体偏低。且有诸多盈利的公司即便成长前景很低也不愿意派发股利；许多公司宁可使业绩下降，也不愿意选择以送股方式派发股利，即使派发股利，股利支付水平也极低。

吕长江和王克敏（1999）采用因子分析法对深、沪两市1996—1998年度支付现金股利的全部372家上市公司的相关数据进行了研究。结果表明，股东权益比例与股利支付水平成正比；国有股与法人股的控股比例与股票股利的支付额、现金股利的支付水平成反比；业绩不佳的公司倾向于采取长期负债的方式支付股票股利以满足股东的要求。魏刚（2000）以389家公司的1167个样本为观察值，对我国上市公司股利政策、股权结构及代理问题进行了研究，发现国家股比例和法人股比例越高，上市公司支配股利的概率越高；国家股和法人股股东偏好现金股利，而流通股股东偏好股票股利。原红旗（2001）分年度对上海和深圳证券交易所A股上市公司1994—1997年的股利方案进行了回归分析，结果表明，我国上市公司特殊的股权结构和治理结构对股利形式的选择有重要影响。胡庆平（2002）研究发现，流通股比例对公司股利分配影响很大，流通股比例越小越有可能发放现金股利；流通股比例大，越倾向于发放股票股利。

（二）关于现金股利利益侵占假说的研究

伍利娜、高强和彭燕（2003）注意到了我国上市公司的“异常高派现”现象，并将其定性为“恶性分红”。第一大股东是影响这种“异常高派现”主要因素之一，它们之间呈现正相关关系。虽然他（她）们提到了产生这种现象的原因是股权结构不合理，机构投资者的投资策略不完善。但是,并没有进一步分析在目前的股权结构下第一大股东通过异常高派现获取不正当利益的机理。这一缺陷被 Chi-Wen、Jevons Leeand XingXiao(2004)弥补,他们清晰地勾勒出了一条权益融资——高现金股利支付——权益再融资的利益侵占隧道,在这里现金股利被作为一种大股东侵占小股东利益的工具,从而说明了我国上市公司偏好高现金股利的原因在于通过高现金股利将现金流流入作为第一大股东的母公司,并证明了第一大股东的股权集中度与现金股利支付率正相关且在1%水平上显著。在此基础之上,以后人们的研究直接将高现金股利支付率作为一个大股东侵占小股东利益的途径,而且成为了一个不用检验的真命题,进而检验着第一大股东股权集中度对这一途径的影响。

肖珉(2005)对"自由现金流量假说"和"利益侵占假说"在我国适用性进行验证,得出的结论认为,我国上市公司发放现金股利不是出于减少多余的现金流量,而是与大股东套取现金的意图有关,从现金公告效应上来看,现金股利对公司价值的影响有两面性,一方面,有利于囤积大量多余现金的公司减少资源滥用行为;另一方面,也可能成为上市公司向大股东输送现金的工具,第一大股东持股比例与现金股利正相关。这与刘峰和贺建刚(2004)、陈信元等(2003)、张阳(2003)、唐清泉和罗党论(2006)将高现金股利视为一种控股股东利益输送工具的观点一致。

马曙光、黄志忠和薛云奎(2005)则更加关注我国上市公司不同的股东类型对现金股利政策的影响,他们的实证研究发现,现金股利和资金侵占同是大股东实现其股权价值最大化的手段,二者具有可替代性,协整检验的结果也表明两者不是弱外生变量。他们又通过联立方程模型将上市公司现金股利政策与资金侵占结合起来考虑，发现国有控股的公司发放的现金股利水平在前一阶段最高；国有法人控股的公司，现金股利发放水平在后两阶段最高，但资金被侵占的程度最低；社会法人控股股东对现金股利的偏好与国有法人控股股东无异，但其控股的公司资金被侵占的程度最为严重；通过对中国上市公司的现金股利政策的连续性的观察也发现，随着证监会推进上市公司改革的逐步深入，非流通股控股股东减少了对上市公司资金的直接占用，而现金股利形式却变得越来越普遍。

谢军（2005）检验了自由现金流量理论和“掏空”理论在我国的适用性。结果表明，第一大股东具有发放现金股利的显著动机，并促使公司保留更多的现金用于有价值的投资，结论支持了自由现金流量理论，并不支持“掏空”理论。

周县华、吕长江（2008）以我国股权分置改革为制度背景，从股利代理理论和投资者保护理论角度出发，对驰宏锌锗的股利分配政策进行了案例分析，认为驰宏锌锗在股权分置改革过程中所实施的高股利分配政策引起了大股东对小股东的利益侵占问题。

肖淑芳、喻梦颖（2012）以《上市公司股权激励管理办法》颁布后的2006年1月1日至2011年6月30日沪深两市公告股权激励计划的上市公司为对象，研究了股权激励与股利政策的关系，研究结果表明，上市公司在送转能力不足的情况下依然“异常高送转”，表明送转股是管理层眼中最大化其股权激励收益的更为理想的掘金工具。

（三）国内研究简评

国内对现金股利代理问题的研究主要沿着两条路线进行的：一是相关理论在我国的适用性检验，主要包括了现金股利代理成本理论、自由现金流量假说和利益侵占假说适用性的检验；二是股权结构与股东类型对现金股利的影响，因为他们决定了委托人与代理人之间利益冲突的性质。主要内容是引入国外理论解释我国上市公司的现金股利政策，这样在研究中不可避免地存在以下一些不足：

第一，引入理论时，忽略了理论所适用的经济制度背景。例如用代理成本理论解释中国现金股利现象时，忽略了该理论所适用的经济制度背景是股权高度分散、投资者法律保护完善和市场有效等，直接将其理论内容应用于对我国上市公司现金股利政策的研究之中。而我国的经济制度背景则是股权高度集中、投资者法律保护不完善、市场效率低等，这使得运用这些理论解释我国上市公司的现金股利政策时会产生一定的偏差。

第二，忽略了我国股票市场中股东流动性的差异。在国外股东的市场流动性是一致的，大股东和小股东在资本市场上利益形成的机制相同，而在我国的资本市场上股东的流动性不一致，导致了大小股东市场利益形成的机制不同，从而对现金股利的偏好也存在着差异。

第三，没有从理论上说明在我国的上市公司中，为什么高现金股利支付率会构成大股东对小股东的利益侵占，而在国外，高现金股利恰恰是抑制了大股东对小股东利益的侵占。在研究问题过程中，把“高现金股利支付率是大股东对小股东利益侵占的一种方式”作为一个真命题先天存在，根据“第一大股东与现金股利支付率正相关”的检验结果，直接得出“在我国存在大股东对小股东利益侵占”的结论。因此，判断标准的正确性问题没有得到证明。

第四，研究中对现金股利支付的内容没有进行区分，即现金股利是用公司的利润来支付还是用公司的权益性融资来支付，这对投资者的经济意义是不同的，有时是非常重要的，无论是国内的研究还是国外的研究都把现金股利看作是公司利润的支付。事实上,在我国上市公司支付的现金股利中,存在着收益性现金股利与权益性融资现金股利之别的,尽管在公司的现金股利公告中没有说明。区别与不区别现金股利的支付内容可能会影响研究的结论。

第四节　小股东法律保护与小股东利益分配的关系

一、国外研究述评

较早研究现金股利与小股东法律保护的关系并为此提供证据的是 La Porta et al.(2000)。他们从法律保护的角度将现金股利理论归结为两类模型:一类是现金股利法律保护结果模型,认为现金股利政策是法律对小股东权益保护的结果。也就是说,在小股东法律保护较好的国家里,公司支付较高的现金股利,而且,在这些国家里高增长公司比增长慢的公司支付较低的现金股利,投资者也愿意接受这种低股利。另一类是现金股利法律替代模型,认为现金股利政策是法律保护较弱时一种保护小股东权益的替代机制。即在法律保护差的国家里,大股东会选择较低的现金股利政策,只有在大股东愿意树立不侵占小股东利益的声誉,以便进入资本市场筹资时,才可能支付较高的现金股利。同时,法律保护差的国家里,小股东不管公司的投资机会如何都想得到高现金股利。他们以来自 33 个对小股东有不同法律[分为民法系(Civil Law)和普通法系(Common Law)]保护国家的 1369 大公司作为基础样本,比较了小股东面临着被大股东剥夺利益的不同风险的公司的现金股利政策,分别验证了“现金股利法律保护结果模型”和“现金股利法律保护替代模型”。结果表明，前者与现金股利政策更为相关和更具有解释力，即，公司的现金股利政策是法律保护的结果。在此基础之上，以后的人们验证着某一个地区或国家的现金股利政策与小股东法律保护之间的关系。这些实证研究，在客观上，也为 La Porta et al.的观点提供了证据。

Fluck(1999)在研究公司外部人如何通过均衡现金股利政策保障自己获得一定利益时，在他的模型中引入了投资者权益保护程度变量之后，发现现金股利随着投资者权益保护程度的降低而减少。Fluck 认为，投资者权益保护程度越弱的国家，外部人参与各种联盟形成的能力越有可能被削弱，所以，成功争夺控制权的能力将会受到严格限制，均衡股利也将会减少。

Faccio、L.Young and Lang(2001)以西欧的公司为参考基准，对东亚公司的所有权、控制权结构做了一个横向比较分析，证明了在这两个地方中，代理人问题显著表现为大股东对外部股东利益的侵占，股利对此提供了证据。这是因为，东亚的“裙带资本主义”国家对小股东的法律保护比西欧更加脆弱，而在西欧公司支付了比东亚更高的现金股利，从而抑制了大股东对小股东利益的侵占。

Todd Mitton(2004)提出了公司治理是对小股东微观的法律保护，La Porta et al.(2000)的两个现金股利法律保护模型和基本思想在同一个国家也应该适用。但是，他在实证检验时，又回到了股权结构对现金股利政策影响的老路上。

Gomes(2000)建立了法律体系不能有效保护小股东利益时，大股东和小股东之间的不完全动态博弈模型证明，即使在没有任何明显的保护小股东利益的公司治理机制和法律，由于声誉效应，大股东能隐含地承诺不会侵害小股东利益。Gomes 模型与 La Porta et al.(2000)的替代模型一致的地方是，在投资者权益保护程度较低的国家里，为了进入资本市场，大股东建立不侵害小股东利益的声誉，在多期博弈里，大股东选择获取适当的控制权私人收益；不一致的地方是，在 Gomes 的模型中，控股股东进入资本市场的动机不是筹资而是分散风险。

值得一提的是，在理论研究过程中，公司治理（主要是股权结构）和小股东法律保护对现金股利的影响区分不是很清楚的。即许多人把公司治理对现金股利政策的影响也看作是法律保护对现金股利的影响，这只是人们对“法律”界定的范畴不同而已。

小股东法律保护对现金股利政策影响的研究与代理成本理论相比，将法律保护作为影响公司现金股利政策的内生变量，不再像代理成本理论那样将其作为一个外部既定常量。但是，它并没有脱离代理成本理论的思想内核，而是在这个基础之上进行的研究。在国外的诸多研究中，以横向比较研究为主，其研究逻辑是：按照不同法律渊源或法律保护程度不同的地区获得不同国家的公司样本，比较这些类别样本公司支付现金股利政策的差异，从而为不同法律渊源或地区的法律保护程度提供证据。这样做，只注意了不同国家的法律保护，而忽略了一个国家自身法律保护发展进程对现金股利政策的影响。

二、国内研究述评

国内关于小股东法律保护对现金股利政策的影响研究非常少。在本人所收集的文献中并没有找到我国小股东法律保护对现金股利政策影响的专门研究。只是发现一些作为研究其他相关问题的“副产品”所得出的结论。

王信（2002）通过规范研究将我国上市公司发放现金股利偏低水平的原因归结为我国法律制度不完善和对小股东法律保护不

力。并通过 H 股与 A 股的派现水平进行了一个简单的对比，作为其结论的注脚。

何涛、陈晓（2002）虽然在《现金股利能否提高公司的市场价值》一文中，研究了现金股利与公司的市场价值之间的关系时，针对 2001 年 3 月 18 日证监会颁布的《上市公司新股发行管理办法》和 2001 年 5 月证监会发布的《中国证监会发行审核委员会关于上市公司新股发行审核工作的指导意见》两个文件把上市公司近三年的现金股利发放情况作为股权再融资所需要考虑的条件之一，间接解读了在我国特殊的股票市场制度设计下，现金股利能否保护小股东利益的问题。

吕长江、肖成民（2007）通过对最终控制人利益侵占的条件分析，发现并验证了投资者法律保护程度越高、最终控制人在公司中的相对所有权越大、公司的相对投资收益率越大，利益侵占程度越小（或不进行利益侵占），公司的价值相应越大。

本书关于我国小股东法律保护对现金股利政策的影响进行专门的研究，并且主要的内容不是不同法律系对现金股利政策的影响，而是我国作为一个转型经济国家，小股东法律保护的历史进程对现金股利政策的影响，更加注重小股东法律保护的纵向比较。

第五节　现金股利分配政策公告效应研究综述

一、国外研究述评

股利信号思想最早源于 Lintner（1956）对美国上市公司财务经理的问卷调查，Lintner 发现公司管理者总是倾向于保持稳定的股利政策，只有确信公司增长的收益足以支付长期增加的股利时，才会增发股利，通常公司管理者不会轻易削减股利。在此基础上，

Miller and Modigliani（1961）正式提出了股利信号的概念，他们指出，因为公司遵循稳定的股利政策，股利的任何变化都会被投资者作为公司未来获利能力的信号进行评估，这也被称为股利的信息内涵，这种对公司未来获利能力估计的修正会引发股票价格的变化，即股利公告效应。佩蒂（Pettit，1972）、阿洛尼（Aharony，1980）等的实证研究结果也不同程度地支持了股利的公告效应。股利信号传递理论主要由 Ross 于 1976 年提出，该理论的观点是，现实世界是一个信息不对称的世界，投资者能够根据公司的股利分配状况来判断公司的财务情况，因而股利政策会直接影响股价，并进而影响公司的价值，也就是说，公司股利政策起着向市场传递信号的作用。1979 年，Bhattacharya 创建了第一个股利信号模型，由此股利信号理论进入了主流财务学的研究视野，而管理层通过股利政策向外部投资者传递公司未来盈余的信息也越来越得到学术界的认同。之后，米勒与洛克（Miller and Rock，1985）以及约翰和威廉姆士（John and Williams，1985）等也分别提供了对公司现金股利分配政策研究的基础模型，这三个模型的差别在于对现金股利所传递的具体信息内容以及信号成本的不同定义，它们奠定了以后现金股利实证研究的基础，大量研究不断涌现出来，研究的内容主要包括：

（一）现金股利的公告效应——现金股利是否具有信息含量

Kwan（1981）选择 1973—1977 年 NYSE 的 147 次现金股利变化为样本，采用累积超常收益率法，按季度建立模型。他发现当公司公告市场未预计到的大额现金股利变动时，公司的股价也发生相应的变动，并在统计上有着显著的超常报酬率。Asquith and Mullins（1983）通过对 1945—1980 年在纽约证券交易所和美国证券交易所首次发放股利的 196 家上市公司检验，得出股利公告期间有3.7%的双日超常收益，证实首发股利具有显著的现金股利公告效应。Brickley于1983年选取了1969年至1979年之间NYSE上市公司的165个SDD（Specially Designated Dividend，SDD）——包括额外、特别、和年终股利（Extra，special and yearend dividend）样本，采用比较收益法，直接计算了它们的公告日前后的收益率（未经过市场或风险调整的），与比较期内的收益率进行比较，得出SDD能产生显著超额收益（2.11%）的结论，支持了信号传递效应的假说。Dielman and Oppenheimen（1984）选取了1969年至1977年间在NYSE上市的股利政策经历了两年以上的稳定状态之后发生变化的公司，将它们按照股利的增加、减少、恢复和不分配分成四类，采用随机相关系数法观测到了分别为3.52%、2.14%、-7.67%和-8.14%的超额收益率。他们的检验结果同样有力地支持了股利的信号传递效应假说。Benartz Michaely and Thaler（1997）等人研究了美国市场上红利增加和红利减少的事件，发现股票价格出现了介于+0.81到-2.53之间的超额收益率，再次验证了现金股利公告效应。

（二）现金股利的信息内含——现金股利传递什么信息

Lintner（1956）和Fama and Babiak（1968）发现了年度现金股利支付期间的一种时间序列关系，且它与这样一种观点符合：仅当管理部门相对自信能够持续支付较高的现金股利时，企业才会提高其现金股利。如果管理者有着投资者所没有的有关未来和当前现金流的信息时，投资者将会把这种股利的上升解释为一种管理部门预测了持续的较高现金流的信号，而投资者也会把一种股利下降理解为一种管理部门预测持续的较低现金流的信号。在此基础上，Bhattacharya（1979）、Hakansson（1982）、John and Williams（1987）、Miller and Rock（1985）通过有成本的行为发送包含着私人信息的信号，建立了“信号传递博弈”模型，用以研究股利分配之谜，其研究结果形成了富有影响力的信号理论，这一理论认为在信息不对称的条件下，管理者能够通过支付现金股利，向投资者发送未来盈利能力的信号，因此现金股利政策与公司价值相关。Ofer and Siegel(1987)所做的研究发现，股利公告的知识的确提高了一般分析员对未来赢利的预测的准确性。然而，这种预测并没有被Watts(1973)和Gonedes(1978)的经验研究所支持，因为他们没有找到股利和随后赢利间的一种统计上的显著的关系。而且他们发现以当前和历史股利预测未来赢利并不比以当前和历史赢利预测更准确。Ang(1973)的研究也基本上支持这一结论，认为股利政策实际上传递的是以前年度的盈利信息，通过股利增加可以向市场表明，以前年度的盈利增加是永久性的，而不是暂时性的。

最近的研究结果表明，现金股利还可以反映公司内部利益相关之间的利益冲突，可以抑制控制权人侵占其他利益相关者的利益，或者为此提供证据。Jensen(1986)在一篇拓展了Berle和Means(1932)的所有权与控制权分离问题的研究中，认为在考虑公司的投资机会之后，现金股利还可以为“窥视”管理层的机会主义提供证据。如果公司中存在着管理者的过渡投资行为，现金股利的增加可以减少这种机会主义行为，从而提高公司的价值，减少现金股利则会降低公司的价值。在此理论之上，形成了现金股利的自由现金流量假说、代理成本理论等。最近的研究还通过现金股利的变化揭示在股权集中的公司中大股东与小股东之间的利益冲突。Klaus Gugler、B.Burcin Yurtoglu(2003)通过对德国上市公司的现金股利变化的研究发现在不同的股权结构类型中普遍存在着大股东侵占小股东利益的情况。Todd Mitton(2004)的研究也表明在转型市场上市的公司中存在着同样的问题。

现金股利公告效应的研究实际上是一种研究问题的方法，为其他理论如自由现金流量假说、代理成本理论等提供了证据，而且公告效应所包含的信息内涵得到许多学者的支持。但是，这种研究方法并非完美：(1)市场对股利增加做正面反应对股利减少做负面反应的现象不仅信息理论可以解释，其他理论（如代理成本）也可以解释；(2)信息内涵不能解释为什么公司不采用其他效果相当而成本更低的手段来传递信息；(3)在市场变得越来越有效、信息手段大大提高的情况下，支付股利为什么作为恒定的信息手段？(4)在高速成长的行业，公司股利支付率一般都很低，如微软，但按照信号理论恰恰会作出相反的解释和预测。

二、国内研究述评

近年来，许多学者对我国上市公司股利公告市场效应的研究主要集中在现金股利信号效应上，对于它在上市公司治理结构中的作用则没有给予应有的关注。

（一）现金股利是否有信息含量

张水泉、韩德宗（1997）较早对这一问题进行了研究。他们对沪市1992—1996年间的350次现金股利、股票股利与配股事件的公告效应进行了实证检验。通过对三种公告的累积超额回报率的比较，发现市场对三种信息的反应有所不同，对现金股利的反应最为明显，股票股利次之，配股最小。陈晓、陈小悦和倪凡（1998）研究了我国首次股利的信号问题，发现首次发放现金股利、股票股利和混合股利公告都可导致正的超额收益，股票股利和混合股利的公告效应显著高于现金股利的公告效应。魏刚（1998）从超额收益的角度证实分红公司的超额收益高于不分红公司的超额收益；现金股利的超额收益低于股票股利超额收益。俞乔、程滢（2001）

从同一角度研究发现，无论是首次公告还是一般的分红公告，公告日当天及公告日后一天股价都会出现超额收益。在具体的分红方案中，市场对送股或混合股利的分红政策有较强的正面反应，而对纯现金股利则不敏感；红利公告对市场交易量的影响方向与市场价格的波动方向一致，但对前者的影响更为持续与显著。陈伟、刘星、杨源新（1999）根据股利政策在公告日前后均会产生异常报酬率这一现象，证明了股利政策的信息传递效应确实存在，单纯送股、配股、派现三类事件引起的累积超额收益率依次减小，反映了市场对送股的欢迎和对派现的漠视。他们还研究了股利变动的市场反应，研究表明股利增加与股利减少事件的宣布能够产生信息传递效应，但两类事件的信息传递效应存在差异，市场对股利增加方案的反应次于对股利减少的反应，这与国外的股利变动效应不一致。田祥新、徐国栋、周永强（2003）的研究也证实了这一结果。孔小文、于笑坤（2003）也证实了股利政策的信号传递效应，但同时也发现现金股利、股票股利、混合股利对未来盈利的预期没有差别，无法根据公司发放的股利类型来判断公司未来的发展前景。

为了更进一步验证股利公告的市场反应，陈浪南和姚正春（2000）在初步控制盈余信息的情况下进行了研究，得出的结论是现金股利不具有信息效应，送股和配股则可导致正的超额收益。何涛、陈晓（2002）则在控制了盈余信息、审计意见、年度、行业、规模等因素的情况下，证实纯现金股利的变动信息（没有送股、配股等方案）对股票的超额回报率没有显著影响。

（二）现金股利公告的信息内涵

股利政策具有信息含量，这一结论基本得到了证实。那么股利政策应具备怎样的信息含量呢？魏刚（2000）证实现金股利向投资者传递了公司持久盈利的信息。但是，中国上市公司管理层可能没有制定长期的股利支付目标和路径，上市公司的股利政策不能很好地解释其非预期盈利。罗健梅、黎春、刘煌（2001）以1998年进行分配的公司为研究样本，结果表明，股利能较快反映某些公开信息。这也说明我国股市在一定程度上存在信息披露渠道不够规范，且投机性较强。钟田丽、郭亚军等（2003）以上海证券交易所的A股上市公司中2000年和2001年单纯派现的公司和不分配的公司作为研究样本，通过对相关数据的F检验和T检验发现，现金股利水平越高的公司，下一年的收益状况越好；在我国频繁变化的股利政策背后，上市公司管理层的确通过现金股利分配向资本市场传递了公司未来的盈利信息。曹媛媛、冯东辉（2004）对1994—2001年支付股利的253家上市公司股利政策的信息内涵进行研究发现，上市公司遵循不稳定的股利政策，使得我国公司的股利政策的信息内涵与西方信号理论存在一定差异，即股利变动不反映公司未来盈余的信息。姜秀珍、全林、陈俊芳（2004）以1999年和2000年为数据窗口，选择公布年度财务报告的深、沪两地上市的公用事业、能源电力、路桥隧道三类上市公司（A股）共33家作为样本。实证结果发现，股利政策对股价有一定的影响，股利信号理论起主导作用。当公司不能满足股利目标存在股票价格下降时，具有更多现金流量波动性的公司将要支付较低股利，现金流量的波动性对股利决策产生重要的影响，而不仅仅是简单的事后分配。

肖珉（2005）运用了"事件研究法"检验了现金股利的公告效应，发现"自由现金流量"假说（对自由现金流量较多的公司而言，较多的现金股利有利于避免资源滥用，可以减少代理成本）和"利益输送"假说（大股东持股比例较高的公司支付较高的现金股利，表明大股东利益侵占问题严重，其市场反应较其他公司差。）所预期的影响同时存在，正因为如此，现金股利对公司价值的影响因公司特征而异。另外，可能是由于我国上市公司的大股东持股比例普遍较高的缘故，“利益输送”假说得到更多的证据。

国内的研究主要是引入国外的研究方法检验中国的现金股利效应及其信息含量。没有自己的研究主线，研究路径依赖于国外研究的线索。从研究结果上看，对现金股利的公告效应与信息含量的结论存在着很大的差异。

第三章　我国上市公司的股东异质性、利益冲突及其实现途径

股权结构决定了公司中权力的配置,进而决定了公司代理问题的性质,代理问题最终表现为公司不同利益相关者的利益形成制度的差异。在我国上市公司中,股东拥有股权的集中度不同,使股东对公司的控制权出现差异。股东身份的差异(如国有股股东与非国有股股东,流通股股东与非流通股股东)也使得股东的权利禀赋不同。这些不同不仅表现为大股东与小股东利益内涵的不同,而且还会表现为他们之间的利益冲突及其利益实现途径的差异。更为重要的是,在他们之间的冲突中,大股东也会把公司股东之间的利益分配政策演变成其侵害小股东利益的一种途径。

第一节　我国上市公司的股东异质性及由此产生的利益冲突

股权结构决定公司权力的配置,“一票一权”和“资本多数决定”原则,使股东有了大股东与小股东之分,股东的这种异质性奠定了大股东与小股东利益分配制度的基础。

一、我国上市公司中股权集中度引起的股东异质性及由此产生的利益冲突

（一）股权集中度引起的股东异质性

在上市公司中，"一票一权"和"资本多数决定"原则，使得股权集中到一定程度时，股东性质产生了差异，有了大股东与小股东之分，此时，大股东与小股东之间形成委托代理关系。这种关系是股权集中的产物，是对股权分散情况下股东与经营者之间委托代理关系的一个演化。在贝利和米恩斯的范式里，股权被广泛持有，公司的所有权与控制权高度分离。公司的主要权力被配置给了经营者，经营者成为公司内部人和信息优势者，实质上掌握着公司的经营权和公司政策的制定权，而所有者成为公司外部人和信息弱势者，并不能决定或影响公司的主要政策决策，所有股东是同质的，即全体股东看成是广泛分散具有共同利益且并不直接参与公司运营的同质集团，他们利益的一致性超过了其利益的冲突性。所以，此时的主要代理关系是股东与经营者之间的代理关系。但是，公司中的"一票一权"和"多数资本决定"原则，使得股权集中到一定程度时，公司的权力和信息也逐渐地从经营者转移到大股东，某一个或一些股东也因此成为经营者或能够控制经营者，最终导致大股东成为公司强权主体和信息优势者，决定或影响公司的政策，而小股东则不会拥有这种优势，大股东与小股东不再同质。大股东与小股东之间产生了一种新的委托代理关系。如果大股东兼任经营者，那么大股东与小股东之间形成标准的代理关系；如果大股东不兼任经营者，大股东与小股东之间仍然存在着委托代理关系。

其一，大股东对经营者的监督降低了小股东的监督成本。为了促使经营者为股东利益服务，避免败坏道德行为的发生，股东必

须对经营者实施必要的监督与控制。一方面,从理性经济人的角度考虑,由于大股东持有的股份多,大股东要承担大多数监督收益和不利带来的损失,所以,大股东比小股东通常更有积极性监督经理层,而小股东更愿意“搭便车”;另一方面,在监督经营者这一问题上,如果大股东与小股东分别监督经营者,小股东可能面临着承担不起的监督成本,只好放弃监督行为,最终还是大股东担负着监督重任。因此,对于所有股东来说,大股东对经营者监督的后果具有准公共物品的性质,大股东实施监督的成本由大股东承担,由此产生的收益却不是由大股东独享,而是由所有股东按持股比例分享,这样,小股东可以通过“搭便车”而受益。这样,大股东在为自身利益进行监督的同时,也自动地履行了代理小股东监督经营者的责任,小股东自动地以非契约形式将监督的任务委托给了大股东去执行。

其二,大股东有能力成为小股东的代理人。由于股份公司的权力配置机制是在“一股一票”基础上的“多数决定”原则,所以,大股东拥有公司的控制权,是公司治理中的强权主体和信息优势者。权力优势使大股东具有把自己意志上升为公司意志并采取行动的能力,而信息优势使大股东知道如何行动,从而提高决策效率,以实现股东价值最大化。在股东价值最大化的过程中,小股东可以从中受益。根据信息经济学的解释,在信息不对称条件下,拥有信息优势的一方是代理人,另一方是委托人。简单地说,知情者是代理人,不知情者是委托人。大股东天生就是代理人,小股东自然就是委托人。

总之,小股东与大股东除了具有都是“股东”这一共性外,又分别具有“委托人”和“代理人”的特征,他们之间构成了一种非直接契约形式的委托代理关系。

(二)大股东与小股东的利益冲突

人们习惯以 Berle 和 Means(1932)的研究结论——公司所有权高度分散,所有权与经营权相分离为起点设计公司治理的逻辑框架,并形成了配置公司权力,分析公司行为的经典范式。当公司所有权高度分散时,股东成为公司的外部人,对公司的经营管理失去了控制权,此时,股东是同质的,是一个利益共同体,他们在公司中的收益内容和实现利益的途径相同。所有权的高度分散也使股东个人监督经营者的能力和激励变得非常有限,公司实际控制权就会被经营者所掌握,经营者成为公司的强权主体。此时,公司的利益冲突主要是外部分散的股东与“强权”经营者之间的冲突:经营者可能利用其控制权损害全体股东的利益,获取控制权私人收益。但是,根据“一股一票”和“资本多数决定”基本规则,伴随着公司中股权集中度的提高,股东的同质性被破坏,出现了大股东与小股东之分,大股东成为小股东的代理人,公司治理的逻辑起点由所有权与经营权高度分离变为所有权与经营权具有高度的一致性,全体股东与经营者之间的利益冲突也相应地演化形成了大股东与小股东之间的利益冲突。

LLSV①(1999)等人研究发现了所有权集中的普遍存在性。他们的研究表明,集中的所有权结构在公司中是普遍存在的,即使在美国股权集中的公司也不是少数。这一结论也得到了 Claessens et al.(2000)、Faccio and Lang(2001)、La Porta et al.(1999)、B. Maury and A.Pajuste(2002)等人的证实。在股权集中的公司里,大股东拥有相对多数的资本,遵循“资本雇佣劳动”的逻辑和对代理成本的考虑,大股东往往会产生管理“情结”,或者通过控制经营

① LLSV 是 La Porta,Lopez de Silanes,Shleifer and Vishny 的缩写。

者间接控制公司，或者依仗其所持股份实现控股股东与经营者兼有的双重身份，直接控制公司，此时，经营者与股东之间的利益冲突就不再重要，而大股东与小股东之间的利益冲突成为公司主要的代理问题（Shleifer and Vishny，1997）。因为，大股东在获得控制权以后，与小股东按持股比例分享共同收益的积极性下降，获取控制权私人收益的激励上升。在利益分配中，如果大、小股东的共享收益与大股东控制权私人收益呈现此长彼消的情况时，大股东与小股东之间的利益冲突就会变得更加突出。

（三）我国上市公司股权集中度引起的股东异质性及由此产生的利益冲突

我国上市公司也是按照“资本雇佣劳动”的逻辑设计公司治理结构，并形成了现代公司组织架构。按照前述的理论分析，公司的股权集中度决定了公司的主要代理问题，所以，要搞清楚我国上市公司的主要代理问题是什么，股权集中度是一个非常重要变量。所以，本章从国泰安数据库收集了我国在上海证券交易所上市公司股权集中度的数据，统计了 2003 年至 2010 年底止上市公司第一大股东和第二至第五大股东的持股比例，作为公司股权集中度的反映，结果表明，第一大股东平均持股比例在 35%以上，大股东持股比例最多的达到了 85%，第二至第五大股东的持股比例平均值的最大年份为 16%多一点，最低年份为 12%多。这说明，我国上市公司的股权主要集中在第一大股东手里，从时间序列上看，第一大股东的持股比例虽然有所减少，但是，其持股比例的绝对优势并没有发生根本性的变化，一股独大现象突出，第二至第五大股东按照持股比例表决无法实现与第一大股东的抗衡。所以，在我国上市公司中，股权集中是股权结构的常态，它导致了大股东存在的普遍性。我国上市公司的股权结构见下表 3—1 与表 3—2：

表 3—1 中国上市公司第一大股东持股比例 （单位:%）

年份	极小值	极大值	均值	标准差
2003	6.1400	85.0000	44.224206	16.7109091
2004	6.1400	85.0000	43.660118	16.5892612
2005	6.1400	80.0000	42.119100	16.0504930
2006	5.1800	81.4700	37.086062	15.0167465
2007	5.1800	83.8300	36.416801	15.0369735
2008	4.4900	85.2300	36.771871	15.3088827
2009	4.4900	85.2300	36.530701	15.5057553
2010	3.5000	85.2300	36.097712	15.7087459

表 3—2 中国上市公司第二至五大股东持股比例之和

（单位:%）

年份	极小值	极大值	均值	标准差
2003	0.2200	58.8200	16.165147	13.4140541
2004	0.2300	58.8200	16.806336	13.3920744
2005	0.2500	58.8200	16.869333	13.1917737
2006	0.5252	55.7300	15.408856	11.5921734
2007	0.4968	55.7300	14.051304	10.6773002
2008	0.5300	55.7300	13.248921	10.4357132
2009	0.6900	55.7400	12.529769	10.0675904
2010	0.4200	55.7400	12.220768	10.0702935

在我国上市公司中，高度集中的股权决定了公司的主要代理问题是大股东与小股东之间的利益冲突，可能会出现大股东侵害小股东利益的情况。同时，股权的高度集中还会削弱法律对小股东权益保护的效率，从而加重大股东对小股东利益的侵害。例如，

按照《上市公司章程指引》规定，股东大会的普通决议，需要由出席股东大会的股东（包括股东代理人）所持表决权的1/2以上通过；股东大会特别决议需要2/3以上的表决权通过；选举和更换董事属于普通决议需要半数以上的表决权通过。无论是普通决议、特别决议还是公司组织中的重要权力部门，都是按照"股东所持表决"是否超过了一定的比例来决定决议是否通过，而大股东通过股权的集中很容易实现重要决议的通过。那么，最新《公司法》关于股东大会选举董事、监事等重大决议实行累计投票制是否可以缓解大股东把持公司的现状呢？中国社会科学院公司治理中心课题组的《2010年小股东权益保障评价报告》对2010年度300家上市公司小股东的"三权"——知情权、管理参与权和投资收益进行了调查，调查结果表明，小股东管理参与权得分最低，仅为42.3分（百分制）。小股东参与管理权的实现程度低的原因主要是小股东持股过度分散，达成一致的联合投票成本过高，且除了第一大股东之外的其他持有股份较多的前几位大股东联合起来也很难与第一大股东抗衡，所以，即使有"累计投票制"小股东也很难改变或影响大股东的决定，不能对大股东进行有效的监督。股东大会成为大股东的股东大会，股东大会决议成为把大股东意志上升为公司意志的合法程序，为大股东侵害小股东利益披上的"合法"外衣。在公司治理结构中，董事会由大股东推荐出的董事占多数比例，董事会也就变成了大股东的"代理机构"，董事会成为大股东的执行机构，大股东实质上演化成了上市公司的实际控制人，变成公司内部人，而小股东被沦落为外部人。

所以，在我国上市公司中，股权集中与大股东控制普遍存在，导致了股东权利的异质性，有了大股东与小股东之分，上市公司代理问题主要是大股东与小股东之间的利益冲突。

二、我国上市公司股东身份产生的股东异质性及其利益冲突

股东身份是指持股主体的性质，是股权的另一个重要特征。不同的身份可能会代表不同的权力和权利禀赋。在我国，上市公司中的股东的身份基本上可分国家股股东、法人股股东和个人股股东。

国家股股东是国家（即由国家代表全民行使权力），但是，国家不能作为一个权利行为主体行使股东权利，所以，我国设立了国有资产管理机构，将股东权利赋予它们，这些单位和部门以国有资产投资于上市公司，形成上市公司的股份，进而成为该上市公司的股东。为了保持公有制的主体地位，防止国有资产流失，在初始制度设计时，大多采取了国有独资公司和国有控股公司控制上市公司的形式，从而使国家在这些上市公司的股东中成为最大的股东，公司的董事会和监事会等组织机构的成员，也由代表国家行使所有者权力的单位或部门或者由其上级政府主管部门任命或委派。所以，这类股东的权力不仅来源于其对上市公司的投资份额，而且还来源于其上级部门的行政授权。

法人股股东是公司法人，他们以其依法可支配的财产向上市公司投资成为上市公司的股东。法人股股东包括国有法人股、一般法人股和机构法人股等。国有法人股股东是具有法人资格的国有公司、事业单位或社会团体，它们以依法占有的法人财产向独立于自己的上市公司出资形成股份。国有法人股也属国有股，所以，国家股与国有法人股统称为国有股，与之相对应，国家股股东与国有法人股股东统称为国有股股东。机构法人股股东主要是养老基金、投资基金等基金机构，因其持有上市公司股份而成为股东。基金是一个“受人之托，代人理财”的机构。

个人股股东是指社会自然人，他们以个人拥有的合法财产投

资于上市公司成为上市公司的股东，包括内部职工股股东和社会公众股股东。

法人股股东和个人股股东的权力都来源于对上市公司的投资，其投资份额的多少决定了其权力的大小。

从理论上讲，不同身份的股东都可能成为上市公司的大股东，但是，在我国的上市公司中，大股东身份大都是国有股股东、法人股股东，一般来说个人不会成为上市公司的大股东。随着民营公司的不断上市，这种状况可能有所改变，例如我第一家以个人名义发起成立并成功上市的公司帝贤B，发起人王淑贤个人股份所占比例接近40%；后来的用友软件，大股东王文京的持股比例为55.2%；太太药业大股东朱保国及其家族持股比例更高达74.18%。但是，在很长一段时间内，个人股东为公司大股东的情况不会成为主流。

上市公司股东的身份按照其持有的股份是否可以在股票市场上流通，分为流通股和非流通股。公司股东的市场身份主要是指股东所持股票在股票市场上的可流通性。如果该股东所持有的股份可以在股票二级市场上自由买卖，则该股东为流通股股东，否则，为非流通股股东。为了不动摇公有制的主导地位，保证国家股和国有法人股的控股地位，对股票市场作出了国有股暂不上市流通的初始制度安排，以及法人股也禁止在股票二级市场上流通的规定。但是，这些非流通股可以按规定通过协议私下转让。在我国的上市公司中，非流通股在公司总股本中占的比例相当大。截至2004年底，沪、深两市上市公司总股本为7142亿股，占总股本的64%，流通股总额为2571亿股，占总股本的36%。具体结构如下表3—3。

表 3—3　股权分置改革前我国上市公司非流通股与可流通股结构比例表

（单位：%）

年度	1998	1999	2000	2001	2002	2003	2004
非流通股份比例	66. 21	64. 60	64. 38	65. 24	65. 34	64. 70	64. 00
可流通股份比例	33. 79	35. 40	35. 62	34. 76	34. 66	35. 30	36. 00

数据来源：http：//www.csrc.gov.cn/cn/homepage/index.fsp。

另外，截止到 2004 年底沪市的 773 家上市公司中，除方正科技、兴业房产、飞乐音响、爱使股份、申华实业等几家全流通公司的第一大股东为流通股股东外，其余上市公司的第一大股东都是非流通股股东，在这些非流通股中，又都是国家股股东和法人股股东。

所以，在我国上市公司中，第一大股东、控股股东、国有股股东和法人股东、非流通股股东具有高度的一致性。也就是说，我国上市公司第一大股东往往是控股股东，他们的个人身份是国有股股东和法人股股东，市场身份是非流通股股东。

股权分置的设计加剧了上市公司中大股东与小股东之间的利益冲突，而不是利益的趋同。流通股股东与非流通股股东不仅进入上市公司的动力来源不同，利益构成不同，而且获得利益的路径也不同，有时甚至完全相反。非流通股股东把利益的攫取主要放在流通股股东身上，而不是放在提高盈利水平、提升公司竞争力上。他们通过基于股权分置的高溢价融资，攫取流通股股东的利益，从而实现自身资产价值的快速增值。否则，我们就不能解释在中国资本市场上出现的排队融资现象。

在股权分置时代，资本市场对流通股股东来说，永远是一个不公平的市场，是一个利益和风险不对称的市场。实践证明，资本市场上无论是出现系统性风险还是非系统性风险，风险的最终承担者都是流通股股东。因为流通股股东的资产价值与市场价格存在高度相关性，而非流通股股东的资产价值则与市场价格无关。所以当股票价格不断下跌时，非流通股股东从本质上说是漠然处置的。股权分置改革启动后，非流通股股东之所以对股价的关心程度明显提高，是因为股价的高低与对价方案的通过以及全流通后的股价有一定的关系。不关心股票价格走势，是股权分置时代大股东、非流通股股东基本的然而也是正常的心态。

在2005年初我国开始股权分置改革，通过非流通股向流通股股东支付对价，使非流通股股东所持的股票也可以在二级市场上流通。2005年6月15日，三一重工成为我国股票市场上第一支完成股改的上市公司，随后股改大规模展开。截止到2006年12月31日，沪深两市共有1269家公司完成了股改或进入股改程序，股改工作基本完成。沪市上市公司流通股股份占总股份的比例由1998年的33.79%达到了2010年底的78.98%。股权分置改革以后，沪市上市公司股份流通性的变化如下表3—4。

表3—4　股权分置改革后我国上市公司非流通股与可流通股结构比例表

（单位：%）

年度	2005	2006	2007	2008	2009	2010
非流通股份比例	64.01	64.89	55.55	50.48	22.92	21.02
可流通股份比例	35.99	35.11	44.45	49.52	77.08	78.98

数据来源：http://www.sse.com.cn/（上海证券交易所的年度市场资料）。

股改完成的上市公司，将不存在流通股与非流通股的区分，在这些公司中也就没有流通股股东与非流通股股东市场身份的差别了。然而，由于法律限制，完成股权分置改革的上市公司，大股东持有的股份在未来一定时期内不允许出售，或者有条件的出售，以防止大股东大量出售股票给小股东带来的伤害。即使不存在股权分置改革，大股东出售股份即大股东持有股份的流动性与小股东也存在差异。这也是世界范围内存在的普遍现象。

总之，在我国上市公司中，一般来说，第一大股东、国家股股东、非流通股股东具有高度的一致性，股份的集中与最初制度设计给予的身份赋予了他们在公司中的控制权，使其成为公司的控股股东，其他身份的股东和非第一大股东都是非控股股东，控股股东与非控股股东的利益存在着冲突，所以，在我国上市公司中代理问题—委托人与代理人的利益冲突表现为大股东与小股东的利益冲突，国家股股东与非国家股股东、非流通股股东与流通股股东（社会公众股股东）之间的利益冲突。

结合表3—1和3—2还可以看出，虽然股权分置改革大幅改变了上市公司中股票流通的比例，但是，股权集中度并没有发生根本性变化，大股东控制的公司治理现状并没有改变。

由于第一大股东、国家股股东和非流通股股东具有高度一致性，所以，在以后的研究中将其统称为大股东。

第二节　大股东与小股东的利益构成及其实现途径

在股权集中的公司里，大股东与小股东之间形成了一种事实上的非直接契约式的委托代理关系，少数大股东掌握了公司的控制权，导致了股权集中型公司的大股东与小股东利益内容与其实现途径形成差异。

一、小股东利益构成内容及其实现途径

股东因持有公司股份获得的收益包括两部分:一是出售持有股份获得的价差,即资本利得,该部分收益取决于股东对股票市场的把握和持股股票的目的,并不涉及股东之间的利益分配问题;二是股东因持有股份从投资公司分得的利润。按照提供物质资本的所有者分配利润的基础是息税前利润。(1)息税前利润首先以财务费用的形式分配给债权人,形成息后税前利润,即利润总额;(2)息后税前利润按照税法规定缴纳公司所得税,之后形成税后利润即净利润;(3)净利润按照我国的《公司法》规定,依照以下顺序进行税后分配:

①弥补以前年度亏损。

②提取法定公积金。当年税后利润弥补后的利润,应当提取利润的10%列入公司法定公积金。公司法定公积金累计额为公司注册资本的50%以上的,可以不再提取。

③提取任意盈余公积。公司从税后利润中提取法定公积金后,经股东会或者股东大会决议,还可以从税后利润中提取任意盈余公积金。

④股东分配利润。股份有限公司弥补亏损和提取公积金后所余税后利润,按照股东持有的股份比例分配。

可供股东分配的当期利润可以用下列公式表达:

可供股东分配的当期利润=息税前利润-利息费用-公司所得税-弥补亏损-计提的公积金 (3—1)

每个股东可分得的利润即现金股利为:

每个股东可分得的现金股利=可供股东分配的利润×现金股利支付率×股东持股比例 (3—2)

从《公司法》规定分配顺序可以看出:①—③反映的是公司利

润按照法定金额或比例，在股东与公司之间的分配问题，而真正可以分配给股东的利润是公司净利润在完成①—③的分配后，剩余部分通过现金股利分配政策实现股东与公司之间的最终分配，分配给股东的部分称为现金股利，由大股东与小股东共享，并按股东持有股份比例分配在股东之间进行分配。现金股利分配之后的剩余利润为未分配利润，留存在公司。

现金股利的分配作为股东利益分配制度是以股东“同质”为前提，按照“资本雇佣劳动”的逻辑，遵循“一票一权”和“同股同权同利”的原则设计的，是公平和公正的。大股东与小股东之分，其股东利益内容构成也无其他任何差别。

小股东利益构成包括资本利得和现金股利两部分。前者通过在市场上出售所持股份来实现，与公司利益分配没有直接关系；后者，是对公司利润的直接分配，通过制定现金股利分配政策来实现，在公司盈利一定的情况下，获得利益的多少受公司现金股利政策的直接影响。

二、大股东利益构成内容及其实现途径

当股权高度集中到少数股东手里，少数股东拥有了公司控制权之后，股东身份异质性产生，有了大股东与小股东之别，其收益的构成上也便有了不同：大股东利益的构成除了作为一般股东所具有的资本利得和现金股利之外，还包括作为控股股东可能得到的控制权私人收益。总之，大股东可以获得的控制权收益可以分为共享收益和私有收益两部分（Grossman and Hart，1988），前者是控股股东控制权作用于公司绩效而产生的增量收益；后者是控股股东对中小股东的侵害而获取的隐性利益。资本利得和现金股利的实现途径与小股东的实现途径相同。值得一提的是，如果大股

东持有的是流通股，可以通过在股票市场出售股票获得收益，如果是非流通股可能通过协议转让获得转让价差，实现收益，这些与小股东出售其持有股票获得资本利得没有区别。至于控制权私人收益的实现比较复杂。

（一）控制权：获得控制权私人收益的前提

控制权是关于经营政策和收入分配等问题决策权，是公司契约权力中的“强权”，即“当一个信号被显示时，决定选择什么的权威”（张维迎，1996），拥有控制权的人被称为控制权人，控制权人能够支配公司的资源去从事所决策的工作。控制权的重要性在于它能够产生控制权私人收益，而控制权私人收益又激励着大股东利用其拥有的控制权采取“利己”行为。在股权集中的公司中，“资本多数决定”机制使大股东拥有了公司的控制权，具备了获取控制权私人收益的能力。大股东可以利用控制权将自己的意志上升为公司意志，制定并实施有利于自己的公司政策，使其具体化为公司行为，从应该与其他人共同分享的利益中得到超过自己应得的，与投入要素不对称的剩余。这意味着在公司利益分配过程中，大股东与小股东人虽然都有获得剩余的权利，但是，小股东要获得真正剩余还要依赖于公司的分配政策，而当大股东不愿意按持股比例与小股东分享共同收益时，在制定利益分配政策时，大股东会按照其利益最大化而不是公平或效率的目标制定公司利益分配政策。

由于控制权与剩余索取权的不对称性，大股东会获得控制权私人收益，小股东会因此而利益受损，不能充分实现其剩余索取权。所以，在公司契约中，只要大股东的控制权得到了充分的保证，也就保障了获得控制权私人收益的能力。

大股东获得控制权私人收益的前提是取得公司控制权，一般来说，常见的大股东控制类型有以下几种：

1.单层控制

单层控制是指股东通过拥有一定比例的具有表决权的股份直接取得了该公司的绝对控制权。这种控制类型是股东与目标公司之间最简单的单层控制关系，不涉及通过其他交叉持股等方式实现控制的情况。至于取得控制权的股权比例则取决于公司的股权集中度和公司契约对控制权的安排等。

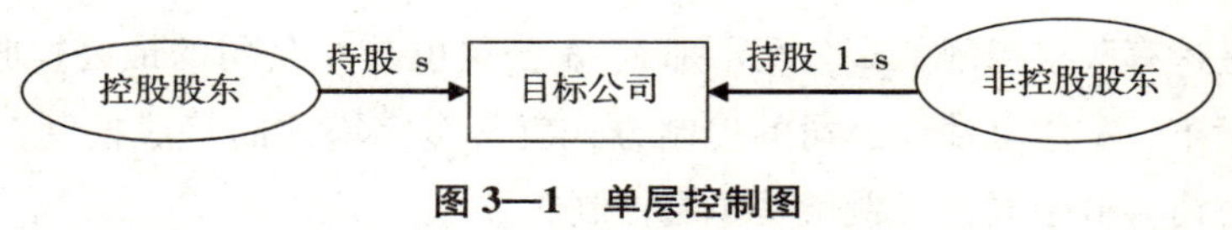

图 3—1　单层控制图

2.双重持股

双重持股是指公司发行具有不同投票权的股票，股东通过持有特殊投票权的股票控制公司。发行这种股票有两种形式：一种是发行一种无投票权或者投票权很小的股票；另一种是发行一种投票权相对较大的股票。发行不同投票权的股票使公司投票权和所有权发生分离，控制权与剩余索取权的不对称。许多国家不允许或限制发行双重股票，例如，波兰规定较多投票权的股票投票权不能超过普通股票的5倍，而匈牙利的限制是10倍。立陶宛限制无投票权的股票不能超过公司资本金的40%。最常见的做法就是发行优先股和普通股两种股票，目前我国没有特殊投票权的股票。

3.金字塔式持股

金字塔式持股是指公司实际控制人通过间接持股形成一个金字塔式的控制链实现对该公司的控制。其控制形式如下图：

例如，A 公司通过持有 B 公司的股票控制了 B 公司，B 公司通

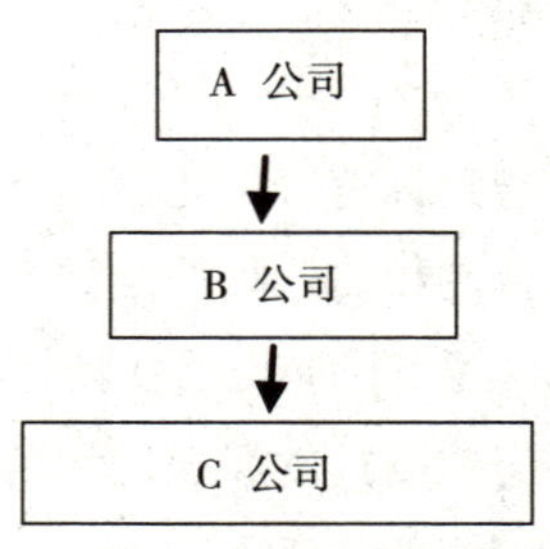

图 3—2 金字塔式持股

过持有股票控制了 C 公司。那么,A 公司也是 C 公司的最终控股股东。A 公司对 C 公司的控制方式就是金字塔式的持股控制,A 公司对 B 公司的控制就是单层控制。

4.交叉持股

交叉持股指两公司之间相互持有对方的控制性股份而获得对对方的控制权。交叉持股产生于母子公司之间增资扩股时的相互投资。大多数国家,公司法或其他法规禁止交叉持股。我国的公司法限制对外投资不能超过净资产的 50%,但是在股权非常分散的情形下,仍能达到交叉控股。

5.混合持股

控制人可以利用以上各种方式的组合来实现对目标公司的最终控制,最常见的混合方式就是直接持股、交叉持股和金字塔式持股共同使用,获得对公司的控制权。

在以上几种控制类型中,单层控制会导致控制权与所有权的不对称,但是,其他几种类型会加重这种不对称的程度,从而使大股东获得控制权私人收益的激励更大。单层控制是其他控制类型形成的基础,在我国是一种最常见的控制方式,所以,本章仅研究单层控制类型下,大股东与小股东利益形成制度,至于其他控制类型并没有纳入本研究的视野。

（二）大股东获得控制私人收益的方式①

大股东因为拥有控制权可以通过各种途径获得控制权私人收益，归纳起来主要有以下几种：

1.大股东无偿占用上市公司的资金，掏空上市公司

在上市公司中，由于小股东的股权分散，信息不对称和“搭便车”心理等原因，对大股东实现有效制约缺乏能力和积极性，导致上市公司成为大股东的“提款机”，最终，掏空上市公司。大股东占用上市公司巨额资金的主要手段有：直接借用或挪用上市公司货币资金（在账上表现为“其他应收款”）、拖欠往来应收款、直接借款和利用上市公司的名义进行各种担保和恶意融资等。

2.通过关联交易向与大股东有关联的公司转移利润或资产

大股东利用公司的控制权，对公司活动进行决策，可以通过关联交易向上市公司高价转入劣质资产或低价转出优质资产，在涉及股权转让时操纵股价直接转移利润。例如，股东以低价从上市公司购入产品、以高价向上市公司出售原材料和进行无充分理由的“资产置换”，使得控股股东获得“资本利得”收益。

3.通过制定不公平的利润分配政策控制更多的资源

上市公司和利润分配无视小股东意见，中小投资者收益权无法体现。我国上市公司的现金股利分配极不规范，公司的分配政策往往体现了大股东的利益最大化，而小股东的收益权得不到保证。表现为我国上市公司的现金股利分配政策似“雾里看花”，有的公司即使有很高的利润可供分配也很少派发现金红利，把大多数

① 林朝南等：《控股股东利益转移及其防范机制分析》，载《工业技术经济》2005 年第 24 卷第 6 期，总第 142 期，第 151—152 页。

的现金留存于公司,以便"利己"之用;也有一些公司在存在很多投资机会时,却分配了很高的现金股利,转移走了公司大部分的现金。

4.虚假出资,疯狂"圈钱"

有些大股东在出资时不按公司章程规定及时足额向公司交付资金,虚假出资,损害了公司的经营能力。一些企业或以较高价格进行IPO,或向二级市场股东配股,实现更多地"圈钱",以求获得更多的社会资金,为攫取控制权私人收益。

5.提供虚假财务信息,误导小股东

大股东掌握着公司的一切重大权利,上市公司的会计信息扭曲现象十分严重,不能反映出公司的真实价值。相反,虚假的会计信息却在多数情况下虚夸公司的价值,误导小股东,从而极大地损害小股东的利益。

(三)大股东现金股利分配中控制权私人收益的实现

从总体上看,大股东可通过各种各样的方式直接或间接地侵害小股东的利益,以实现控制私人收益。在大股东获得控制权私人收益的众多方式中,通过制定有利于自己的利润分配政策——现金股利分配政策攫取控制权私人收益,成为大股东侵害小股东利益的方式之一。我们可以通过进一步分析3.2.1的公式(3—1)和(3—2),大股东在利润分配中可获得控制权私人收益是未分配给股东留存于公司的利润,被称为留存收益,可以表述为下列公式(3—3)。

可获得控制权私人收益的利润=留存收益

=弥补的亏损+公积金+未分配利润

=(弥补的亏损+公积金)+(可供股东分配利润-分配给股东的现金股利)　　(3—3)

公式(3—3)中的前两项利润分配内容是法定内容,与大股东与小股东之间利润分配政策设计无关,后一项与股东现金股利分配政策直接相关。大股东可以通过设计现金股利分配政策,实现自己利益的最大化。

总之,我们可以把公司利润分配过程中,大股东与小股东利益的形成用下图表示出来:

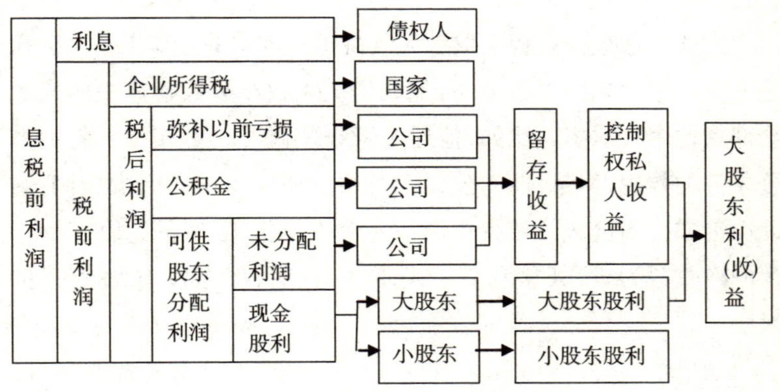

图 3—3　大股东与小股东利益形成图

从上图中可以看出,在大股东可以获得控制权私人收益的利润中,大股东可以通过现金股利分配政策,调节可供股东分配的利润中由大股东控制的份额,来实现其控制权私人收益的最大化。

三、大股东获取控制权私人收益的激励与权衡

(一)大股东获取控制权私人收益的激励

控制权私人收益与其成本分担的非对称性是大股东获取控制权私人收益的激励。

1.控制权私人收益与成本分担的非对称性

大股东与小股东之间构成了一种非直接契约形式的委托代

理关系，在这个委托代理关系中，公司多数表决机制使持有较多股份的大股东成为公司经营活动的决策者，他们可以把自己的意志上升为公司意志，通过公司行为获取控制权私人收益，以实现自己利益的最大化。大股东获取控制权私人收益的主观能动性，源于大股东利益侵害所产生的收益与其承担成本的非对称性。

大股东通过控制权获取私人收益是有成本的。如果一个公司是只有一个股东的单人公司，他获得控制权私人收益产生的成本全部由他个人承担。比如，他通过豪华装修办公室获得了舒适办公条件的效用，但是，他的公司就要增加相应支出而减少利润，由此而造成公司价值的减少也由他一个人承担，股东的这种行为产生的净收益为零，其总利益不会增加，这时，股东没有“自利”的激励。

如果单人公司中的股东出售一部分股权给外部投资者（小股东），成为多人公司，且该股东仍能够控制公司成为大股东，可以行使与单人公司同等的控制权，此时，控制权私人收益全额由他一个人享有，而由此产生的公司损失，他只需按其持股比例承担一部分，这便是大股东获得控制权私人收益的成本，另一部分损失由小股东分担，这样，控制权私人收益活动对大股东而言就产生了净收益。只要他能够保持控制权，其持股比例越低，获得控制权私人净收益就越大，大股东侵占小股东利益的激励就越大。

大股东获得控制权私人收益的激励过程，我们可以通过一个单层控制模型进行进一步说明。

2.基本模型

Jensen 和 Meckling 较为严谨地利用模型推导论证了大股东对小股东利益侵害的机理，我们借鉴他们的模型分析大股东控制权私人收益与其承担成本的不对称性，对大股东利益侵害的激励。①

模型的基本假定：①公司存在大股东，并且大股东始终拥有公司控制权，具有从事控制活动的能力；②大股东的控制为单层控制。即我们不研究交叉持股、金字塔控制等控制结构；③公司规模是一个常量，以股本规模表示公司的规模；④公司无财务杠杆。在这四个假定之上定义：

$X(X_1, X_2, \cdots X_n)$ = 大股东从事控制活动的数量②；

$C(X)$ = 从事某一数量控制活动的成本；

$P(X)$ = 控制活动 X 对公司产生的总收益；

$N(X) = P(X) - C(X)$ = 控制活动给公司带来的净收益。

对公司而言，大股东应该采取的最优的控制活动数量 X^* 应满足：

$$Max[N(X)] = Max[P(X) - C(X)]$$

其最优条件是边际成本等于边际收益，即：

$$\frac{\partial P(X^*)}{\partial X^*} = \frac{\partial C(X^*)}{\partial X^*}$$

如果大股东控制活动的数量 $X > X^*$，则 $B = N(X) - N(X^*) < 0$，公司边际净收益减少，价值受损，即大股东为了获得控制权私人收益，有意采取了过度的控制活动数量 X（如，购买过分豪华的轿车等），则公司价值将遭受到损失 B。公司价值与大股东的控制权私人收益之间的数量关系如下图 3—4 所示：

图 3—4 中，纵轴表示大股东的控制权私人收益，横轴表示公司的市场价值。直线 $\bar{V}B$ 表示大股东从公司攫取控制权私人收益

① 该部分主要借鉴了严武的推导过程。详见严武：《公司股权结构与治理机制》，经济管理出版社 2004 年版，第 112—116 页。

② 比如，对办公室豪华装修、购豪华小轿车、进行不正当关联交易等。

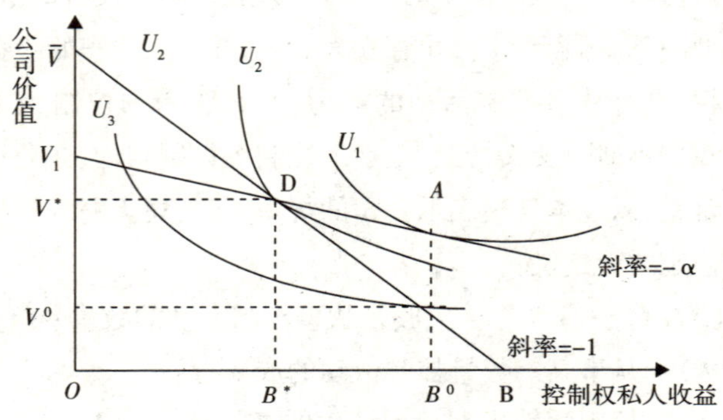

图 3—4　公司价值与私人收益关系图

的预算约束线。由于股权结构、法律制度、市场环境、公司规模等因素都会影响控制权私人收益的预算约束线，所以，控制权私人收益的预算约束线因公司的不同而不同。$U_j = (j = 1,2,\cdots)$ 是大股东对拥有的公司股权价值与获取控制权私人收益之间替代选择的无差异曲线。一组无差异曲线反映了大股东对上市公司股权价值和控制权私人收益的偏好。只要大股东在其拥有的公司股权价值与其获得控制权私人收益的边际替代率随着控制权私人收益的上升而递减，无差异曲线就是凸的。$\bar{V}$ 表明大股东控制活动未造成公司价值损失（即 $B = 0$）时，公司的全部市场价值，即大股东未获取控制性私人收益时，公司创造的现金流量的最大市场价值。在 $\bar{V}$ 点上对应的大股东所选择的控制活动数量水平正好处于最优水平 X^* 上。由于大股东预算约束线存在着差异，相应地，大股东的控制活动的最优数量水平存在着差异。

（1）单人公司大股东控制权私人收益与成本分析

在单人公司中，一个股东拥有了公司 100%的股份，这个股东即是该公司的唯一股东，当然也是大股东（控股股东），因此，$\bar{V}B$ 的斜率为-1。$\bar{V}B$ 的斜率为-1 表明，在既定条件下，股东享有了更多的控制权私人收益，同时承担了等量的因此而减少的公司市场价值，即该股东每获得一元的控制权私人收益，也会承担公司市场价值减少一元的成本，控制权私人收益和由此而减少的公司市场价值之和为零。

从严格的经济意义上来说，在单人公司里控制权私人净收益为零，大股东没有获得控制权私人收益的激励。不过，单人公司的这种逻辑是我们分析多人公司中大股东获得控制权私人收益机理的基础。从非严格经济意义上，考虑到大股东对控制权私人收益和公司市场价值的偏好，我们还是认为控制权私人收益在单人公司里是存在的。

如果大股东对控制权私人收益和公司市场价值存在着偏好（例如，大股东愿意享受高级豪华轿车，并乐意承担由此产生的公司价值的减少），大股东不会选择 $B = 0$，$\bar{V}$ 所对应的控制活动会沿着其预算约束线 $\bar{V}B$ 右移，选择与无差异曲线 U_2 相切的点 D 。这表明，在一个单人公司中，大股东（唯一的股东）在既定的股权价值与控制权私人收益偏好下，他会选择 D 点所隐含的各项控制活动的数量水平。在该数量水平，公司的市场价值为 V^* ，该股东获得的控制性私人收益为 B^* 。因此，在单人公司中，大股东（唯一的股东）最后的选择 $\bar{V}B$ 线上的任意一点，而是与其无差异曲线相切的那一点 D ，这一点也即为该股东控制性活动的最优选择。

对单人公司分析的意义在于，了解到单人公司的大股东所从事的控制权私人收益活动无论如何是不能增加其财富的，这是因为该大股东是公司唯一的股东，承担了全部的收益及由此发生的成本，在这里控制权私人收益和其成本是对称的。如果大股东对股权价值和控制权私人收益存在偏好，控制权私人收益活动只能改变股东的效用。对单人公司的分析是对多人公司中大股东进行利益侵占分析的基础,它也会让我们更容易理解,在多人公司中,当大股东独享控制权私人收益,而只承担部分由此产生成本时,大股东攫取控制权私人收益的激励也就产生了。

(2)多人公司大股东控制权私人收益与成本分析

多人公司的股份由多个股东持有,假设大股东的持股比例为 α ($0 < \alpha < 1$),小股东的持股比例为 $(1 - \alpha)$ ①。这也可以理解为单人公司股东将 $(1 - \alpha)$ 比例的股份出售,单人公司变为多人公司,原来股东的持股比例由 1 减少为 α ,并保持对公司的控制权,原股东成为大股东,买入股份的股东成为后来的小股东。这时,单人公司的原股东虽然不再拥有公司 100%的股份,但他仍然完全拥有公司的控制权。所以,大股东在持有 α 比例的股权时,仍然可以和持有 100%的股权一样,进行各种控制活动,并获得相同控制性私人收益 B ,大股东攫取控制权私人收益的预算约束线斜率就不再是-1,而是变成 $-\alpha$,图中 V_1P_1 就是这时的一条新的、斜率为 $-\alpha$ 的预算约束线。与单人公司相比,他所承担的为获得控制权私人收益从事控制活动发生的成本——公司市场价值的减少——由原来的 B 变为 αB ,小股东承担了 $(1 - \alpha)B$ 。大股东由此而产生的净收益为:

$$\pi = B - \alpha B = (1 - \alpha)B$$

此时, $\pi > 0$ 而不像单人公司中的控制权私人收益 $\pi < 0$,于是,大股东攫取控制权私人收益的激励产生了。另外,大股东获得的控制权净收益恰好是小股东所承担了公司市场价值的减少,这

① 假设大股东可以通过买卖保持其所需要的持股比例,这个比例使该股东始终保持对公司的控制权。

表示在多人公司里大股东所从事的控制权私人收益活动侵害了小股东的利益。

(3)进一步的讨论

当单人公司的原股东将 $(1-\alpha)$ 股份出售(注意:出售的比例不能使原股东失去对该公司的控制权,原股东愿意放弃控制权除外),引入其他股东时,原股东成为大股东,由于在公司中的控制地位,出售 $(1-\alpha)$ 部分股权后,仍然可以选择获得控制性私人收益的最佳活动数量,但是,此时他获得一元钱控制权私人收益的成本由单人公司时的一元变成了现在的 α 元。这样,便得到了一条新的控制权私人收益预算约束线 V_1P_1,其斜率为 $-\alpha$ 。由于只要该大股东愿意,就可以获得和他作为单人公司股东同等的控制权私人收益,所以,该约束线一定会穿过 D 。对于购买公司 $(1-\alpha)$ 股份的新股东(小股东——非控股股东)来说,在购买公司股份时已经估计到了这一点,一般都会理性地认为,持有公司 α 股份的大股东仍然会选择与单人公司相同的控制权私人收益活动数量,获得与单人公司等量的控制权私人收益。因此,公司的市场价值仍然为 V^* ,拟进入公司的其他股东愿意出价 $(1-\alpha)V^*$ 购买公司的股份。

既然大股东可以自由选择控制性活动并获得控制权私人收益,他就自然会寻求使其控制权私人收益最大化的控制活动数量。从图形上看,他会由原来完全持股时的 D 点移向大股东的无差异曲线 U_1 与 V_1P_1 相切的 A 点。A 点隐含着大股东进行了更多能为其带来更多控制权私人收益的控制性活动数量。需要说明的是,大股东持股比例的变化导致了其个人预算约束线发生变化,但是,并没有改变公司整个市场价值和控制权私人收益预算线。当大股东选择 A 点时,他会获得控制权私人收益为 B^0,公司的市场价值也将从 V^* 下降到 V^0。这表明,由于大股东的控制权私人收益从

B^* 上升至 B^0 而使公司市场价值损失了（$V^* - V^0$），并有（$B^* - B^0$）=（$V^* - V^0$）。这样，按（$1-\alpha$）V^* 的价格购买（$1-\alpha$）股权的股东来说，一旦交易完成，就会蒙受（$1-\alpha$）（$V^* - V^0$）的净损失。对大股东而言，虽然相应地承担了 α（$V^* - V^0$）的损失，但是却获得了（$B^* - B^0$）的控制权私人收益，而（$B^* - B^0$）> α（$V^* - V^0$）使得大股东获得了控制权净收益。如果控制权私人收益出现净收益，那么，大股东便有了从事过度控制权活动以获取控制权私人收益的激励。

（二）利益分配中大股东对获取控制权私人收益的权衡

控制权私人收益与其成本分担的不对称性对大股东获取控制权私人收益产生激励作用，但是，由于大股东在获得控制权私人收益时，还会付出小股东不会付出的成本，比如被发现后的处罚成本，所以，这种激励作用不是可以无限放大的，大股东在获得控制权私人收益时，必须对其获得的控制权私人收益与成本作出权衡。下面看一看，大股东在制定利润分配政策——现金股利分配政策时，是如何在收益与成本之间进行权衡的。

一般意义上，现金股利政策是公司在平衡公司利益相关者的利益基础上，对公司利润分配的基本态度和方针政策。它涉及公司现金资源在大股东与小股东之间分配的份额，公司各利益相关者也必然利用其权力来决定或影响现金股利政策的制定，反映其基本的利益诉求，并通过现金股利政策把个人意志上升为公司意志，实现这种利益诉求。因此，此时，大股东和小股东被配置的权力至关重要。大股东与小股东的权力主要来自于两方面：一是公司治理①赋予的各利益相关者的权力，其中，股权结构又决定了公

① 这里的公司治理指狭义的公司治理。

司治理的基本结构；二是相关法律赋予的权力，特别是公司法和证券法赋予的基本权力。下面我们在 Dwards 和 Weichenrieder (1999)的股权集中度对德国上市公司股权定价影响分析模型的基础上，引入投资者权益保护的法律因素，分析这两个因素对收益性现金股利①分配政策的影响。

假设公司产生的现金流量(π)是以下三个变量的函数：(1)第一大股东的持股比例(α)，通常 α 越大，第一大股东在公司的权利越大，对管理者监督的积极性、程度和能力越高，公司经营就会创造更多的现金流量；(2)第二大股东的持股比例(β)，这是因为上市公司为多人公司，除了第一大股东之外，通常还有其他持股比例较大的，能够对第一大股东起到一定监督和制衡作用的股东(在这里先假设具有这样的作用②)。(3)投资者法律保护因素(τ)包括法律的内容与执行。投资者保护法律法规越完善，执法效率越高，第一大股东侵害小股东利益的行为所受到的约束越受到严格。因此有：

$$\pi = \pi(\alpha,\beta,\tau)$$

当股权集中度较高时，一方面，第一大股东积极地监督管理者，另一方面，也会为谋取私人收益利用控制权通过转移应该与小股东共同分享的现金 (T) ，形成对小股东利益的侵害。第一大股东的利益侵害既可能减少了现金股利的派发水平，还要为此付出

① 收益性现金股利是指以投资公司利润为分配内容的现金股利，是对投资的回报，另一个相对的概念是清算性现金股利，清算现金股利是对投资者投资返还性质的现金股利，例如以资本溢价发放的现金股利。

② 第二大股东对第一大股东的监督和制衡作用可能存在也可能不存在，取决于第二大股东监督的积极性与能力。本文实证的结论表明在我国第二大股东对第一股东就没有监督和制衡作用。

利益侵害成本（C）。由于利益侵害受到现金转移水平、法律法规的限制和股东之间的相互制约等的约束，所以，利益侵害成本（C）又是现金转移水平、第一大股东和第二大股东的持股比例和投资者权益保护的法律因素的函数，即利益侵占成本函数为：$C=C(T,\alpha,\beta,\tau)$。因此，可派发的现金股利总水平的函数为：

$$Y=\pi(\alpha,\beta,\tau)-T-C(T,\alpha,\beta,\tau) \tag{3—4}$$

由（3—4）式得出，每股现金股利的函数为：$y=Y/E=\pi(\alpha,\beta,\tau)/E-T/E-C(T,\alpha,\beta,\tau)/E$

假设 $C(T)$ 是一阶齐次的，则 $C(T,\alpha,\beta,\tau)=c(t,\alpha,\beta,\tau)\cdot E$，其中，$t=T/E$。

每股现金股利的函数转化为：

$$y=Y/E=\pi(\alpha,\beta,\tau)/E-t-c(t,\alpha,\beta,\tau)$$

第一大股东的实际收益由每股现金股利和每股利益侵占额组成，其函数为：

$$\gamma=\alpha y(t,\alpha,\beta,\tau)+t$$

在 α、β、τ 外生给定的情况下，第一大股东的收益函数对 t 求导，并得出极大化的一阶条件：

$$1=\alpha\left(1+\frac{\partial c(t^{*},\alpha,\beta,\tau)}{\partial t}\right) \tag{3—5}$$

从（3—5）式可得出，当第一大股东利用控制权进行利益侵占的边际成本等于其边际收益时，转移的现金水平就是大股东制定现金股利分配政策中获得的最优利益侵占额 t^{*}。

对于 $C=C(T,\alpha,\beta,\tau)$ 来说，如果第一大股东没有利用转移现金侵占小股东利益的行为，则 $C=0$，第一、二大股东持股比例和法律保护对此无影响。如果存在利用转移现金进行利益侵占的行为，那么，第一大股东持股比例越集中，其权力越大，通过转移现金侵占小股东利益的难度越小，当其持股比例达到一定程度时，就不再有任何难度；如果第二大股东对第一大股东有监督和制衡作用，则随着第二大股东持股比例的上升，第一大股东侵占小股东利益的难度也随之增加。此外，法律对小股东利益保护的程度越强，第一大股东通过转移现金侵占小股东利益的难度越高，利益侵占成本增加。因此，有以下条件存在：

$$c(0,\alpha,\beta,\tau)=0,\frac{\partial c}{\partial \alpha}\leqslant 0,\ \frac{\partial c}{\partial \beta}\geqslant 0,\ \frac{\partial c}{\partial \tau}\geqslant 0$$

$$c(t,\alpha,\beta,\tau)\geqslant 0,\ \frac{\partial c}{\partial t}\geqslant 0,\ \frac{\partial^2 c}{\partial t\partial t}>0,\ \frac{\partial^2 c}{\partial t\partial \alpha}\leqslant 0,\ \frac{\partial^2 c}{\partial t\partial \beta}\geqslant 0,$$

$$\frac{\partial^2 c}{\partial t\partial \tau}\geqslant 0 \qquad (3—6)$$

结合(3—5)、(3—6)式，可以得出在 α 、β 、τ 的外生变化量影响 t^* 变化的方向：

$$\frac{dt^*}{d\alpha}=-\frac{\partial^2 c/\partial t\partial \alpha}{\partial^2 c/\partial t\partial t}\geqslant 0,\ \frac{dt^*}{d\beta}=-\frac{\partial^2 c/\partial t\partial \beta}{\partial^2 c/\partial t\partial t}\leqslant 0,$$

$$\frac{dt^*}{d\tau}=-\frac{\partial^2 c/\partial t\partial \tau}{\partial^2 c/\partial t\partial t}\leqslant 0 \qquad (3—7)$$

因此，综合(3—5)、(3—6)、(3—7)式，可以得出 α 、β 、τ 的变化对每股现金股利的影响：

$$\frac{dy}{d\alpha}=\frac{\partial \pi}{\partial \alpha}/E-(1+\frac{\partial c}{\partial t})\frac{dt^*}{d\alpha}-\frac{\partial c}{\partial \alpha}$$

$$=\frac{\partial \pi}{\partial \alpha}/E-[(1+\frac{\partial c}{\partial t})\frac{dt^*}{d\alpha}-\left|\frac{\partial c}{\partial \alpha}\right|]$$

$$\frac{dy}{d\beta}=\frac{\partial \pi}{\partial \beta}/E-(1+\frac{\partial c}{\partial t})\frac{dt^*}{d\beta}-\frac{\partial c}{\partial \beta}=\frac{\partial \pi}{\partial \beta}/E-[(1+\frac{\partial c}{\partial t})$$

$$\frac{dt^*}{d\beta}-\left|\frac{\partial c}{\partial \beta}\right|] \qquad (3—8)$$

$$\frac{dy}{d\tau}=\frac{\partial\pi}{\partial\tau}/E-(1+\frac{\partial c}{\partial t})\frac{dt^*}{d\tau}-\frac{\partial c}{\partial\tau}$$
$$=\frac{\partial\pi}{\partial\tau}/E-\left[(1+\frac{\partial c}{\partial t})\frac{dt^*}{d\tau}-\left|\frac{\partial c}{\partial\tau}\right|\right]$$

由公式(3—8)可知，α、β、τ 对每股现金股利变化的影响方向取决于等式右边各项数值的比较：第一项是由于 α、β、τ 的变化而导致的现金流量水平的变化；第二项是 α、β、τ 变化导致利益侵占的变化；第三项是由 α、β、τ 的变化而引发的对小股东利益侵占成本的变化，根据(3—5)式，该项应该大于或等于零。因此，α、β、τ 变化对每股现金股利的影响方向取决于它们导致的现金流量增量与其利益侵占净收益的比较。这说明公司的股权集中程度和小股东法律保护程度，会影响第一大股东利用现金股利分配政策进行利益侵占的净收益，从而导致在不同的股权集中程度和小股东法律保护下，大股东制定不同的现金股利分配政策以最大化其收益。①

第三节　本章小结

本章从股权集中度和股东身份两个角度论述了我国上市公司中股东的异质性，以及由此引起的利益冲突。首先，在我国的上市公司中，由于股东在公司中持股的比例不同，在公司治理中的表决权不同，产生了大股东与小股东的差异，公司的主要代理问题是大股东与小股东的利益冲突；由于股东身份不同产生了国家股、法人股、个人股等，还有我国特殊制度下形成的流通股与非流通股之

① 本部分的推导过程详见王保树：《投资者利益保护》，社会科学出版社 2003 年版，第 19—242 页。

别，他们被赋予了不同的权力禀赋，由此产生了上市公司中国家股股东与非国家股股东、流通股股东与非流通股股东之间的利益冲突；其次，大股东与小股东利益构成与实现路径不同。大股东的利益包括资本利得、现金股利和控制权私人收益。在制定利益分配政策——现金股利分配政策时，沿着其利益最大化而非股东价值或公司价值最大化的目标进行，他需要在获得控制权私人收益与成本之间做出权衡，并不关注公司的经营业绩。小股东的利益包括资本利得和现金股利，无论是资本利得和现金股利的分配都与公司的经营业绩相关，所以，小股东利益的实现更可能通过提高企业的经营业绩来实现。

总之，股东的异质性导致了大股东与小股东、国家股股东与非国家股股东、流通股股东与非流通股股东的利益基础缺乏一致性，导致了他们的利益构成和实现路径不同，形成了我国上市公司中的主要代理问题中大股东（国家股股东、非流通股股东）和小股东（非国家股股东、流通股股东）之间的利益冲突，即大股东侵占小股东的利益。

第四章 我国上市公司利益分配中大股东侵害小股东利益的存在性检验

我国上市公司的主要代理问题是大股东与小股东之间的利益冲突,表现形式就是大股东侵害小股东利益。具体到利益分配过程中,表现为大股东通过制定现金股利政策侵害小股东的利益。那么,这种利益侵害事实上真的存在吗?本章从理论上分析大股东制定现金股利分配政策的路径,利用现金股利分配政策的制定挖掘侵害小股东利益的"隧道",然后,将采用事件研究法,结合多元回归法,运用我国上市公司的数据检验现金股利分配政策制定过程中,大股东侵害小股东利益的存在性。

第一节 上市公司利益分配中大股东对小股东利益的侵害:一个理论分析的框架

我国上市公司的股权高度集中,大股东控制形成的代理问题是大股东与小股东的异质性而形成的利益冲突,在这个利益冲突中,作为利益分配的主要形式现金股利分配政策扮演着重要的角色。现金股利代理成本理论和自由现金流量假说①把公司实施现

① 两种理论的基本内容及研究前面已详细综述,此处不再赘述。

金股利政策看作防止大股东侵害小股东利益的一种机制，因为，高现金股利支付水平能够减少大股东用于利益侵害的现金流量，并能够增加满足投资需要的外部融资额，从而引入外部监督机制（Easterbrook，1984；Jensen，1986；Lang and Letzenberger，1989）。不过最近的研究也表明公司大股东（控股股东）不是从效率的角度出发，而是以其利益最大化为目标制定利润分配政策——现金股利政策，通过制定现金股利分配政策把大股东的个人意志上升为公司的意志，使利益侵害成为“合法”行为，这样，现金股利政策可能成为大股东（控股股东）对小股东利益进行侵害的一种可观察的表现形式，所以，本部分以上市公司发放的现金股利为证据检验目前我国上市公司中是否存在着大股东侵害小股东利益的行为。正如郎咸平所说“现金股利政策能够提供这样的证据。”①

一、大股东制定利益分配政策的非效率性

在公司利益分配中，大股东通过制定现金股利分配政策获得控制权私人收益的直接经济后果是公司现金股利分配政策制定的非效率性。

大股东能够积极地监督公司管理层，提高公司价值，小股东可按比例分享其增加值部分，这是小股东愿意将资金提供给大股东，使大股东成为其代理人的原因之一。也就是说，大股东成为小股东的代理人是基于大股东决策的效率性。然而，当大股东拥有控制权后，可获得控制权私人收益，存在着侵害小股东利益的激励，这种激励会扭曲大股东整体决策的效率性。对于这一点，我们可以采用一个双人 Nash 讨价还价模型进行分析。

① 郎咸平：《公司治理》，社会科学文献出版社 2004 年版，第 40 页。

大股东与小股东分配公司利润的过程是一个博弈过程,博弈结果取决于两者谈判力的对比,而股东的谈判力最终来自于公司治理与有关法律赋予的权力(不考虑股东个人的谈判技巧等)即权力禀赋。不同的权力禀赋使公司中有的股东能够控制公司形成大股东,其他股东(即非控股股东)成为小股东。大股东凭借其对公司的控制权,获得在与小股东博弈过程中的有利地位,通过制定公司的利润分配政策——现金股利分配政策实现对公司利润分配过程的控制,制定有利于大股东的现金股利分配政策,以此获得更多的控制权私人收益,从而造成对小股东利益的侵害。

在股份公司中,由于多数表决机制的作用,股权结构又决定了股东在公司治理中的地位和权利,最终决定了股东对公司政策制定的影响力,所以,股权结构与有关法律保护成为公司利润分配的两个内生决定因素。同时,大股东与小股东之间权力禀赋的差异使他们在利润分配过程中的博弈行为符合 Nash 双人讨价还价博弈模型。所以,大股东与小股东在公司剩余分配过程中的博弈模型可描述如下①:

假定 1:每个股东追求其效用最大化,效用的替代变量是从投资公司中获得的收益,包括按持股比例分配获得的收益——现金股利和控制权私人收益两部分。因此,股东追求效用最大化转化为追求个体收益最大化。

假定 2:公司为多人公司,按股东持股比例存在 n 个大股东(x)和 m 个小股东(y),其中 $n<m$。大股东利益具有一致性,小股东利益具有一致性,大股东与小股东利益存在差异,所以,我们将

① 该模型根据张屹山、董直庆和王林辉的《我国上市公司大股东与小股东公司剩余分配不均衡的权力解读》一文中的模型改造而来。

博弈主体区分为大股东与小股东两个集合，公司利润分配政策的博弈只在这两个集合间进行，其支付矩阵为(0—1)。大股东与小股东都为风险中性者。

假定3：在t时，公司的可供股东分配的利润为π_{st}；股东i为获得公司利润而进行的资本投入（或成本支出）为S_{it}。令股东i获取公司利润π_{st}的概率①$P_{it}=\gamma_{it}S_{it}/\sum_{i=1}^{n+m}\gamma_{it}S_{it}$。

假定4：谈判双方的权力结构与禀赋用个体的经济权力向量线性组合来表述，γ_{it}表示股东的谈判力，代表第i个股东在t时的权力系数②；π_{it}代表第i个股东在t时应分得的公司剩余。

依据Nash双人谈判模型、均衡解的性质及Svejnar模型性质，股东i最优博弈均衡解满足：

$$Max\pi_{it}=P_{it}(\pi_{st}-S_{it})+(1-P_{it})(-S_{it})i=12\ldots n,\ldots,n+m \tag{4—1}$$

根据库恩—塔克定理可得：

$$\pi'_{it}=(P_{it}(\pi_{st}-S_{it})+(1-P_{it})(-S_{it}))'|_{sit}=(\sum_{i=1}^{n+m}\gamma_{it}S_{it})^{-2}(\sum_{i=1}^{n+m}\gamma_{it}S_{it})(\gamma_{it}\pi_{it}-2\gamma_{it}S_{it})-1+(\sum_{i=1}^{n+m}\gamma_{it}S_{it})-2(2\gamma_{it}S_{it}\sum_{i=1}^{n+m}\gamma_{it}S_{it}-\gamma_{it}^{2}S_{it}^{2})=(\sum_{i=1}^{n+m}\gamma_{it}S_{it})-2(\gamma_{it}\pi_{it}\sum_{i=1}^{n+m}\gamma_{it}S_{it}-\gamma_{it}^{2}S_{it}^{2})-1=0 \tag{4—2}$$

① 某一股东i以概率获取股东集团的利益与股东i只是获取股东集团一部分利益的现实并不矛盾，因为概率与集团利益的乘积也只是表现出利益的一部分，而这种假定却有利于本书的分析。

② 第t期的权力禀赋系数取决于当期的资本绝对值与相对值，资本贴现值、资本稀缺性、制度约束、资本市场发育与成熟程度、行为的创新性和可测度。

股东对单位股票的重置成本必然相等，令 $S_{it} = S_t$ 则：

$S_t = (\gamma_{it}\pi_{it}\sum_{i=1}^{n+m}\gamma_{it})/(\gamma_{it}^2 + (\sum_{i=1}^{n+m}\gamma_{it}S_{it})^{-2})$，代入(4—1)化简，可得：股东 i 分得的公司利润为：$\pi_{\max,i} = \pi_{st}\gamma_{it}^3/(\sum_{i=1}^{n+m}\gamma_{it})(\gamma_{it}^2 + (\sum_{i=1}^{n+m}\gamma_{it})^2)$ (4—3)

由模型(4—3)和假定1—4可得，γ_{it} 越大，大股东 i 与小股东的持股比例相差越悬殊和小股东权益法律保护越差，大股东 i 与小股东的权力禀赋结构越不对称，大股东 i 获取的公司利润就越多。随着大股东对公司利润分配控制权的加强，在缺乏小股东利益保护机制下，极端情况是公司的利润可能完全为大股东所获得，小股东无法获取任何收益。

$$\sum_i \gamma_{it} = 1, i = 1,\ldots,n; \sum_j \gamma_{jt} = 0, j = n+1,\ldots,n+m \quad (4—4)$$

(4—4)式表示大股东获得了公司的所有利润，而小股东没有获得利润，即投资收益为零。这种股东权力禀赋差异导致两极分化的公司利润分配机制为：

假定5：大股东 X 和小股东 Y，双方共同分享公司利润 π_{st}，单位公司利润分配比例分别为：$P_X/(P_X + P_Y)$、$P_Y/(P_X + P_Y)$，其中，$P_i = \gamma_{st}^2/(\gamma_{xt} + \gamma_{yt})[\gamma_{it}^2 + (\gamma_{xt} + \lambda_{yt})^2]$，$i = x, Y$。

假定6：公司存续 N 期，且收益是连续的，权力结构与利润分配制度保持稳定。

假定7：大股东权力集为 X，小股东权力集为 Y，集合大小决定控制权大小和对公司的控制程度。则大股东和小股东 N 期的公司利润分配份额分别为：

大股东获得的公司利润分配总额为：$TP_X = \pi_{st}N \cdot P_X/(P_X + P_Y)$；

小股东获得的公司利润分配总额为：$TP_Y = \pi_{st}N \cdot P_Y/(P_X + P_Y)$ 。

大、小股东权力禀赋的天然不对等，使大股东控制小股东，决定公司的利润分配政策，大股东将选择有利自身效用最大化的制度安排和公司行为。随着公司利润分配的次次不对等，公司利润分配将呈现两极化趋势，即：

令 X（大股东的权力集）> Y（小股东的权力集），则：

$TP_X - TP_Y > 0$，即二者的公司分配差或权力价值差大于0，即：

$$(TP_X - TP_Y) = \pi_{st}[N \cdot P_X/(P_X + P_Y) - N \cdot P_Y/(P_X + P_Y)] = \pi_{st}N \cdot (P_X - P_Y)/(P_X + P_Y) > 0$$

若当 γ_{xt} 趋于无穷，有：

$P_X \to 1$，$(TP_X - TP_Y) \to \pi_{st}$，即大股东获取全部公司利润。这表明短期内公司利润分配制度演变路径是朝着强权主体——大股东（控股股东）的目标而非效率方向演进，大股东的持股比例越大（$P_X \to 1$），公司的分配政策越有可能向着最大化大股东利益的目标演进。在公司现金股利政策的选择上，大股东会制定最大化其利益的现金股利分配政策，而不一定是公司价值最大化的政策，也就是说，大股东有时倾向于制定不与小股东共同分享公司收益的现金股利政策，甚至制定损害小股东利益的政策，这时，作为公司利润分配的现金股利政策可能成为大股东侵害小股东利益的工具，不再是一种监督机制。

命题1：大股东持股比例越大，越可能制定具有利益侵害性的现金股利分配政策。

二、股东利益分配制度形成中现金股利政策的作用

在公司利益分配中,现金股利分配政策是大股东与小股东之间代理问题的一个关键变量,它在大股东与小股东利益分配制度形成过程中所起的作用经历了从一种缓解代理问题的机制到成为一种控制权人利益侵害工具的演化。

(一)现金股利分配政策是一种缓解代理问题的机制

现金股利分配政策是股东监督经营者的一种机制。这一结论源于公司代理理论,根据代理理论,公司是由一系列委托代理关系链组成的契约网络。在所有权高度分散的情况下,委托人——股东与代理人——经营者之间存在代理问题,代理问题导致了代理成本,而代理成本的增加将减少股东的财富。所以,股东不断寻找缓解代理问题,降低代理成本的机制,以增加股东财富。现金股利的分配便是这样一种缓解代理问题,降低代理成本,增加股东财富的机制,“现金股利在解决代理问题方面发挥着重要作用”(LLSV,2000)。学者们也从不同的角度阐释着现金股利的这种作用。

Easterbrook(1984)认为,在现代公司中,由于单个股东对经营者监督成本与收益的不对称性、集体监督成本的昂贵与低效以及小股东“搭便车”行为对大股东监督激励的削弱等原因,对全体股东来说,需要引入一种外部监督机制,以降低代理成本,增加股东财富。现金股利的支付恰恰可以做到这一点。因为,当公司投资决策已定,需要从外部资本市场筹集资金时,发放现金股利会增加公司的外部筹资额,使公司进入资本市场,引入新的外部投资者。因为:①新的投资者——如新股东或新债权人——都是很好的监督者。新投资者只有在相信管理层能有效利用资本的前提下,才会选择对该公司投资,所以,现金股利间接评价了管理层的投资活动,向投资者传递了管理层对投资者负责的善意。另外,发放现金

股利还可以改变资本结构，提高负债——权益比例，增加旧债权人对企业的监督，以降低委托人（股东）的监督支出；②在公司发放股利之后，内源资金规模相应下降，这将迫使公司进入证券市场获得外部融资，因此，股东可以借助市场的信息处理与监督、约束功能，弱化经营者对其利益的侵害。

Jensen（1986）提出的“自由现金流量假说”则从另外一个方面阐释了现金股利在缓解代理问题中的作用。在很多情况下，公司的经营者以最大化自己的效用为标准，不是以股东价值最大化的方式来管理企业，倾向把企业的资源——现金更多地用于“自利性消费”。当企业中存在大量自由现金时，经营者偏好花掉它们（比如增加“宠物项目”投资、过度消费等），以从中获得控制权私人收益，而不是支付给股东。这一问题在一些大型的、成长缓慢的、能够产生大量自由现金流量的公司中显得尤为突出。然而，股东懂得经营者的这些动机，希望经营者以现金股利的形式把自由现金“吐出”，使经营者控制的自由现金流量达到最低限度，以减少因经营者的自利行为而产生的代理成本。所以，在股东看来，公司开始支付现金股利或提高现金股利是一个好消息，它可以减少代理成本，增加企业的价值，是经营者努力履行受托责任，对股东负责的一种表现。

现金股利的“信号传递”理论认为，公司的股利分配政策向外部投资者传达了具有重要意义的新信息。当经营者对企业未来前景看好时，为了表明公司未来真实价值的提升，他们可能需要向外界传递这个好消息，并证实这个好消息的可靠性，现金股利分配政策就是传递并能证实好消息可靠性的工具之一。一旦公司开始支付或者增加现金股利，就表明经营者相信公司有足够的现金为其投资项目提供资金和支付股利，向投资者传递了公司乐观的未来前景的信息。减少现金股利则传递了相反的信息。利用提高现金股利支付水平传递公司未来价值提高的信息是“昂贵”的，对未来不能产生现实的和持续的现金流量的公司来说，是无法使用这种工具传递公司未来价值提升的信息。因为，开始支付或增加现金股利，一方面意味着公司不仅现在必须有足够现金支付本期股利，而且，还要有为未来连续支付现金股利产生足够现金流的能力与信心；另一方面意味着，当公司面临净现值大于零的投资机会并支付现金股利时，必须具有外源性融资渠道。所以，质量差的公司要么筹集不到足够的现金，要么就是认为放弃这些投资机会支付现金股利的代价太高，不能应用现金股利信号模型传递信息。质量好的公司则可以运用现金股利信号模型传递“好消息”，以获得高股价回报。这样，形成一种分离均衡，不同质量的公司都不会从不适宜的信号模型中获利，每个公司只能选择自己负担得起的，与自己实力相匹配的现金股利水平传递信号，以把自己放入一个真实而适当的质量等级中。所以，现金股利分配政策就会把质量好的公司与质量差的公司区分开来。

总之，现金股利政策能可靠地把公司之间的质量差异传递给投资者，降低信息不对称程度，对经营者具有监督作用，能降低代理成本，增加股东财富，以缓解股东与经营者之间的代理问题，所以，开始支付或提高现金股利支付水平对股东来说是一个“好消息”。

（二）在利益分配中，现金股利分配政策是控制权人利益侵占的工具

现金股利分配政策作为一种缓解代理问题的机制是以所有权与经营权分离即股权高度分散为基础构建的分析框架，但是，最近的研究表明，在股权高度集中的公司中，现金股利分配政策可能成

为公司控制权人——大股东获得控制权私人收益，损害小股东利益的工具。事实上，在大股东侵害小股东利益的诸多方式中，大股东利用控制权制定有利于自己的现金股利分配政策，确实已经成为大股东侵害小股东利益的方式之一。

现金股利分配政策作为大股东利益侵害小股东利益的主要方式之一，具有“合法”性，也就具有了隐蔽性。在“资本雇佣劳动”的逻辑下，按照股东持股比例分配公司利润似乎是所有股东“利益均沾”的非常公平的分配原则。然而，如果把现金股利政策置于公司“法律”框架内，考察公司“控制权”对现金股利政策的影响，我们可能会有新的看法。首先，公司中控制权的配置大致决定了各产权主体之间的利益分配格局，现金股利政策作为公司的分配政策之一，也必然符合这一既定的利益格局，所以，现金股利政策是公司控制权配置的结果。其次，公司中强权逻辑的存在，使大股东与小股东之间的谈判力不对等，试图寻求一个平等而公正的“契约式”现金股利分配政策成为徒劳，因此，现金股利政策变得不再公平，更多地体现了公司中大股东的意志。最后，公司是“法律”框架的虚构，公司的各种政策构成公司的“法律”，法律是统治阶级意志的反映，所以，现金股利政策必然要体现公司中大股东的意志、目标和其中所渗透的利益倾向。为了避免利益侵占可能遭到小股东和其他利益相关者的对抗以及法律的惩罚，大股东必须将个人行为转化为公司行为，其第一步就是将个人意志上升为公司“意志”，形成所有公司利益相关者共同遵守的“法律”——公司政策。一旦大股东的意志上升为公司的意志，便以公司“法律”的形式合法化了，其利益也会通过公司行动得以实现，通过公司政策进行利益侵害也会成为公司“合法”行为。

“利益均沾”的现金股利政策成为一种利益侵占的“合法”工

具,其制度性根源在于公司中“一股一票”制基础上的多数表决制度。

资本的“多数表决制”是公司治理基本制度,而这一基本制度的基础是“一股一票”制。“一股一票”制是在股份制公司设立之初作为向所有股东筹集资金的一项权利承诺提出的,并且显示出所有股东在公司中权利的平等与行使权利的民主。一般来说,董事会按照多数决定原则来履行职责,股东按照“一股一票”制行使其在公司中的民主权利(如果没有例外契约配置权力)。人们普遍认为,在“一股一票”基础上的多数表决制的确立和发展,对平衡股东之间的利益冲突,使公司有效地形成决策,具有重要意义,尤其是“一股一票”的基础更使得股份公司成为一个公平、公正的公司制度典范,从而也使人们把按持股比例分配的现金股利政策看作是一种“利益均沾”的公平政策。

值得注意的是,“一股一票”制体现的是股份与资本而不是股东权利的民主与平等。当我们考察单位资本时,这一结论对每一个股东是公平的、民主的和标准的“同股同权同利”。但是,当我们考察不同股东所持有的总体资本时,在“一股一票”制的基础上附加“多数表决原则”之后,持有不同比例股份的股东不再平等,会出现大股东,这是因为根据资本多数表决制,股东按照出资比例或持有表决权股份的数量行使权力,投入较多资金的股东会拥有较多份额的表决权,当一个股东或几个股东因拥有足够的资本而拥有了绝大多数(如拥有50%以上的表决权)或相对多数的表决权时,其他股东不可能通过投票表决来改变他们对公司政策的决定,使小股东在公司政策的制定上显得“无能”。小股东也就不再关心公司经营,不再参加股东大会,进一步加剧了大股东对公司的控制力。这样大股东的意志更容易上升为公司的意志,形成公司的政策。

另外,"一股一票"制有效使用的一个前提是所有的股东之间无利益冲突,股东在参加股东大会投票时才会顾及公司利益、顾及股东之间的彼此利益。事实上,大股东与小股东之间存在着利益冲突,尤其是在股权较为集中的情况下,他们之间的利益冲突更为激烈。这时,会出现大股东对权力的滥用,大股东投票时会忽略小股东的权利,使小股东意志不能体现在公司的决策与行动中,其应得权利受限甚至被剥夺。

总之,上市公司股东行权的"一股一票"基础上的多数表决制使大股东通过制定现金股利政策进行利益侵占变得"合法"化和更加隐蔽。多数表决制是现金股利政策成为大股东利益侵占工具的制度性根源之一。最终,小股东的意志和利益被看似公平的"一股一票"基础上的多数表决机制剥夺了。

三、公司利益分配中,大股东对小股东利益侵占"隧道"的挖掘

在公司利益分配过程中,为了获得控制权私人收益,大股东可能会通过制定现金股利分配政策挖掘侵害小股东利益的"隧道",从而把现金股利政策演变成大股东(控股股东)侵害小股东(非控股股东)利益,获取控制权私人收益的工具。

(一)现金股利与控制权私人收益的数量关系

不同学者对利益侵占的对象的描述基本上可以分为两种观点:一种观点是大股东利益侵害的对象是收益或利润;另一种观点是侵害的财富或资源。本书认为在公司利益分配过程中,大股东最终想攫取更多的现金资源而非利润。这一点对我们理解大股东在公司利益分配中如何将现金股利分配政策演化为一种利益侵害

工具是非常重要的。

公司利润是在一定时期内实现的，以货币为主要计量单位，以权责发生制为基础分期确认，依据费用与收入的配比关系而形成的经营成果。不难看出，利润只是根据权责发生制核算的公司经营成果的一个会计概念，无论公司经营活动是否收到现金，是否支付（或耗费）现金，都可以根据权责发生制确认收入与费用，从而形成会计利润，所以，利润只是反映了公司状况改善的一种状态。在利润与现金流量一致的假设下，利润是可以作为现金流量的替代来使用的。这个假设在公司的整个经营期间来看是成立的，然而，在遵循会计分期的假设和权责发生制的原则进行会计处理时，每一个会计期间收入、费用和现金流入、流出的确认并不一致，这应使利润与现金净流量在时间分布上不一致，利润成为公司现金流量的“虚拟”。即利润可能成为现金流量，也可能永远不会成为现实资产——现金，只能是“画”在账簿上的一个“馅饼”。

现金是公司资金流转的起点和终点，是公司的血液，是形成公司其他资产的源泉。在资金流转过程中，只有公司的现金流入量能够抵偿现金流出的公司才能正常存在和发展。若公司的现金流转受阻或枯竭，不能进行必要的日常现金支付、偿还到期债务，那么，整个公司将陷入严重的财务危机或终结。此时，再多的账面利润也只能是“纸上谈兵”。对一个公司而言，保持顺畅现金流转的重要意义远远大于保持漂亮的净利润。没有利润的公司会经营艰难，而没有现金流量的公司将会破产。所以，公司正常经营的基本条件和目标是实现正的现金净流量，而不是利润。现金成为公司的战略资源，公司重视现金流量甚于重视利润，现金至尊（Cash Flow Is King）并不为过。

于是，我们有了一个重要的认识：在公司利益分配过程中，大股东要通过现金股利分配政策从小股东手中攫取更多的现金而不是利润。支付现金股利意味着公司现金的流出,这样,在公司的现金流量、利益侵占额和现金股利之间存在着一定的数量关系。我们不妨把现金流量看作控制权人可以控制的用来从事控制活动的现金流量,它由控制权人用于获得控制权私人收益的现金流量即利益侵占额和用于分配的现金股利两部分组成。如果公司现金流量一定的情况下,利益侵占额与现金股利之间存在着此消彼长的关系。即在现金流量一定的情况下,公司用于按比例分配的现金股利越多,则大股东可用于利益侵占的现金数量越少。所以,公司中的控制权人可以利用现金股利政策,调节他们可控制的现金,从而影响收益在公司利益相关者之间的分布,以便获得控制权私人收益。

（二）利益分配中,利用现金股利分配政策进行利益侵害的机理

在利益分配过程中,公司股权结构不同,控制权人利用现金股利政策进行利益侵害的机理也不同。为了便于分析这种机理,我们将公司的委托代理关系分为三个基本类别:股东与经营者之间的委托代理关系、债权人与公司之间的委托代理关系和大股东与小股东之间的委托代理关系。与之相对应,公司中形成“经营者与股东、公司与债权人、大股东与小股东”三对基本的利益冲突体。在每一对利益冲突体中,代理人是公司中的控制权人,委托人是非控制权人,代理人可能会通过制定现金股利分配政策侵害委托人的利益。这样,三类不同的委托——代理关系构成了分析利用现金股利分配政策进行利益侵占的主要脉络。图4—1勾画出了这一主要脉络。

1.经营者利用现金股利分配侵害股东利益的机理

在股权分散的情况下,经营者是代理人,股东是委托人,公司

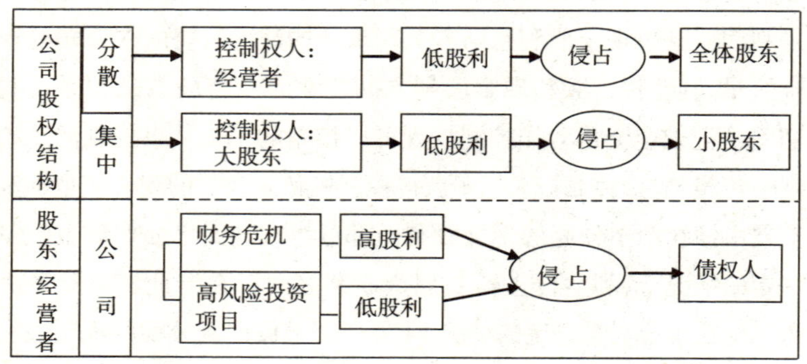

图4—1　控制权人利用现金股利分配政策进行利益侵害的机理图

中的代理问题主要是经营者与全体股利之间的利益冲突。经营者拥有公司事实上的控制权，能够决策和实施现金股利政策。由于股东拥有公司最终剩余索取权，而经营者不是，经营者的利益目标和股东产生偏离，甚至冲突。此时，经营者不会以股东财富最大化，而是以自身利益最大化为目标从事一些控制活动，包括侵占股东利益获取控制权私人收益的活动。经营者从这些活动中获得控制权私人收益的多少和他所控制的现金正相关，由于现金股利与经营者所控制的用于控制权私人收益的现金流量存在着此长彼消的关系，所以，现金股利发放的水平会直接影响经营者所控制的现金流量。经营者会以最大化自己利益的方式来制定现金股利政策，配置公司的现金资源。在可供分配的现金流量一定的情况下，公司支付现金股利的水平越低，经营者可以控制的现金量越多。低现金股利支付率或不发放现金股利的分配政策可能成为经营者的偏好。

低现金股利或不发放现金股利政策的实施会使得经营者控制较多的现金流资源，他可以通过投资于"宠物项目"、自利性消费或与他所拥有的其他公司之间进行关联交易等方式转移现金，实现控制权私人收益。此时，经营者以现金股利分配政策为工具，侵害了全体股东的利益。朗和里柴勃格（Lang and Litzenberger，1989）的研究表明，在股利增加公告日，不存在过度投资机会公司的股票价格小于存在过度投资机会公司的股票价格上涨速度；当公司宣布股利削减时，存在过度投资机会公司的股票价格下跌速度也最明显。这证明了经营者利用现金股利分配政策侵害股东利益的存在，市场投资者也能够预期到这一点。

2.大股东利用现金股利分配政策侵害小股东利益的机理

公司是法律框架的"虚构"，现金股利政策作为公司的"法律"之一，是按照多数资本逻辑来制定的，它不代表多数人的意志而是代表多数资本的意志。在"多数表决制"的制度下，"同股同权"的单位表决权的公平被演义为集体表决权的"瑕疵"。即当以"一票一权"考察每个股东在公司的权利时，"同股同权"是公平的，但是，当考察每个股东的总表决权时，表决权占多数的股东就掌握了公司"法律"的制定权，包括现金股利政策的制定权，也就拥有了公司控制权，由外部投资者蜕变成公司"内部人"。此时，经营者与大股东之间的利益冲突会得到缓和或消失，大股东与小股东的利益冲突凸显。如，La Porta et al.（1999）和 Barcaand Becht（2001）所言："随着经理股票期权、薪酬激励、绩效评价和经营监督等方面一系列制度的创新和完善，股东和经理之间的利益冲突确实已大大缓和。然而，在现代公司中，另一种利益冲突即大股东与小股东之间的利益冲突却变得日益严重。"

当大股东获得公司的控制权成为控制权人之后，股东的同质性异化，大股东成为公司中的强权主体——公司的"统治阶级"，小股东成为弱势主体——公司的"被统治阶级"。法律是统治阶级意志的体现。现金股利分配政策是公司的“法律”之一，它必然也会体现大股东的意志，大股东可能会沿着其利益最大化的路径制定现金股利分配政策，甚至不惜侵害小股东的利益。于是，大股东与小股东的利益内涵与形成机制产生差异。Andrei Shleifer and Robert W.Vishy(1997)认为，当“大股东几乎完全控制公司的时候，它们倾向于追求不与小股东分享控制权带来的私人收益”。当公司的净利润和持股比例一定的情况下，公司的现金股利政策实质上就是划分大股东与小股东净利润享有份额的政策。较低的现金股利支付率意味着大部分利润被大股东享有，较小的部分由小股东获得；反之，较高的现金股利支付率将使大部分净利润由小股东享有。大股东在条件允许的情况下，也不再愿意派发高额现金股利，而倾向于保留更多的可控制的现金流，采取和前述经营者侵害股东利益相同的方式侵占小股东的利益。

3.公司利用现金股利政策侵害债权人利益的机理

无论是股权分散还是股权集中的情况下，当面对债权人这一利益集团时，经营者和股东构成了天然的“盟友”，形成一个与债权人进行谈判的利益集团。詹森和麦克林(Jensen and Meckling,1976)、梅耶斯(Myers,1984)指出，在公司经营者与股东利益一致的假定下，股东可以通过设计公司的经营业务和融资结构侵占债权人的利益，以增加其自身的利益。由于债务的“刚性”约束，一般情况下，公司不会从事侵害债权人利益的事项。但是，当公司与债权人的博弈可能由多期模型变为单期模型时，如公司出现财务危机或者可能面临破产，公司通过盈余操纵以高现金股利政策将现金流量返还到股东私人手中，减少了公司可偿债的现金。由于公司只承担有限责任，债权人对已经发放的现金股利无求偿权，所以，债权人会因为现金不足得不到偿付而遭受损失。狄安格罗

(Deangelo,1992)发现,处于财务危机的公司是不愿意削减现金股利水平的,现金股利不削减就意味着一种明显的货币利益从债权人流向了股东。

当公司处于持续经营的状态时,公司与债权人的博弈为多期模型,公司可借助现金股利政策通过两种途径侵害债权人的利益:①当公司的现金股利政策受到债权人的严格约束时,公司倾向于将留存的现金投资于高风险高收益的项目。一旦冒险成功,公司将会获得所有的额外风险收益,股权价值上升,而债权人收益不会因为公司的冒险而增加。相反,如果冒险失败,一部分损失(甚至全部损失)就会转移给债权人,因此,其期望效用会随着投资风险的增加而下降。当公司处于财务危机或破产边缘时,情况尤为如此。②公司通过债务性融资来发放现金股利。一方面,现金股利的发放政策直接影响着公司总价值中债券价值与股权价值的比重。股利的增多应会使得股权价值上升,同时,会削弱公司未来偿还债务本息的能力,从而使公司债券价值下跌。另一方面,当公司的报表上反映出了较多的利润,而自我产生的现金流不足时,可以通过发放现金股利将债权人的资金转移给股东。

由于我国上市公司股权高度集中的特征导致了大股东控制的治理结构,所以,本章主要研究大股东利用现金股利政策侵害中小股东利益的机理,并揭示在这种特定股权结构下现金股利政策的经济含义。

第二节　我国利润分配中对小股东利益侵害的理论分析与假设

许多学者研究结果表明,在我国股权集中及大股东控制为特征的公司治理结构中,主要代理问题是大股东与小股东之间的利益冲突,存在着各种各样的大股东侵害小股东利益的方式,现金股利政策可能成为其中之一。陈信元、陈冬华(2003)认为大股东侵占小股东利益的"隧道(tunneling)"普遍存在于我国的上市公司中,现金股利政策也可以为控股股东牟取利益,说明控股股东在以现金股利的形式攫取小股东利益。

一、大股东与小股东利益实现路径的差异

(一)股权分置与IPO制度:形成利益实现路径的"原罪"

我国股票市场是在国有企业产权制度改革和经济体制从计划经济向社会主义市场经济转型过程中产生的。它首先要解决国有企业改制中的资金缺乏问题,为国有企业的发展筹集资金;其次,在发行股票进行股份制改造过程中,要保证社会主义国有企业全民所有制的"本色",不被私人所购买。所以,在设计股票市场制度时,突出了两个特点:流通股与非流通股完全分置和实行严格的IPO配额制度。这两个制度成为股票市场两项顶层制度设计,大股东的形成以及大股东利用现金股利分配政策侵害小股东利益机理都是在这一制度框架下形成的。

按照股票市场的初始制度设计,规定国有股(包括国家股和国有法人股)在上市公司中要占股绝对控股地位,其股份只能在国家规定的主体之间按协议转让,不能在股票二级市场上自由买卖。于是,我国上市公司的股票被人为地分割为流通股和非流通股,持有相应股票的股东也被分为流通股股东和非流通股股东,人们习惯地将这种状态称为股权分置。上市公司的流通股股票和非流通股股票具有相同的权利,但是,其发行价格不同,非流通股股票按面值发行,流通股股票按市场价格发行,因此,流通股股东与

非流通股股东取得股票的成本也不相同，这违背了“同股同权同价”的基本原则。虽然目前我国绝大部分上市公司完成了股权分置改革，非流通股东名义上变成了流通股股东，但是，对完成股权分置改革的非流通股股东所持的股份设置了允许其流通的限制条件，以及先天性的“同股不同价”，使大股东获得收益的内容和途径并没有发生根本性的变化，所以，股权分置改革对我们的分析框架不会产生根本性的影响。

1999 年 7 月 1 日之前，我国则实行的是行政审批制，在这种制度下，对我国股票发行规模和发行企业数量进行双重控制，由中国证监会会同国家计委制定年度、跨年度全国股票发行总额度，再按条块分配给各地方政府和中央部委。值得注意的是，额度是以票面值计算的，在溢价发行条件下实际筹资额远大于额度。严格的 IPO 配额制度和为 IPO 设定的详细条件，对普遍缺乏营运资金的国有企业来说，取得上市资格无疑成了当务之急，获得上市资格并能在股票市场上筹集资金成了一种稀缺资源。于是，为了获得上市资格和从 IPO 中筹集尽可能多的资金，国有企业把优质资源剥离出来组建上市公司，并使自己成为上市公司的母公司（大股东），在上市公司发行股票融资成功后，再将筹集的资金或上市公司经营产生的现金输送给作为母公司的大股东，以缓解大股东对资金的渴求。1999 年 7 月 1 日后，《证券法》规定 IPO 实行审核制，但是，这种状况并没有根本上的改观。

股权分置与 IPO 制度使作为大股东的非流通股股东与作为小股东的流通股股东的利益形成机制有很大的不同。

（二）流通股与非流通股股东进入股票市场的不同目的

大股东与小股东进入股票市场的目的不同。我国股票公开交易市场的出现并不是市场经济制度下资本市场发展的自然结果，而是经济转轨过程中配合国有企业改革引入的制度安排,是政府对制度安排的结果。这一制度安排的初衷是国有企业改革普遍遇到了资金严重缺乏的现实,为实现国有企业改革顺利进行提供资金保证。于是,股市就被赋予了一个重要的使命——为国有大中型企业脱困改制筹集资金。1997 年 7 月时任国家总理的朱镕基在辽宁考察时明确指出,要把通过股市直接融资作为解决国有企业筹集资本金的重要来源。股票市场上早期上市的公司都是国有企业改制而来的。在上市之前,我国大多数上市公司的发起人——大股东(非流通股股东)都患有由于经营不善或"投资饥渴"而导致的"资金饥渴症",通过股票市场筹集资金成为这些企业的第一要事,甚至成为他们唯一关心的事情。最初市场监管的松弛,制度的缺失等形成上市公司融资风险、融资成本、违规成本低,使上市公司的股票融资演化为在股票市场上疯狂地"圈钱",尽可能多地从股票市场上筹集资金成为大股东理性的选择和利益最大化途径。通过上市公司发行可流通股票,从流通股股东那里筹集资金成为了上市公司的首要目标和任务。

在我国资本市场上,上市公司通过发行流通股股票从流通股股东那里筹集资本金,流通股股东成为二级市场上最广泛的主要市场参与主体和投资主体,又因其持股比例低成为公司中的小股东。小股东进入资本市场的目标是实现投资收益最大化。非流通股股东作为公司的大股东,取得投资收益也是其目标之一,但是,在特定的股权分置和 IPO 制度下,大股东与小股东所追求收益的内涵和实现的路径不同。

(三)大股东与小股东利益实现路径差异

股东投资流通股的收益有两个基本来源:一是资本利得,即出售股票所获得的收益;二是现金股利收益,即收到的以现金形式分得的利润。除了两个基本来源之外，与小股东不同的是，大股东还可以获得小股东无法获得控制权私人收益，仅就大股东与小股东之间的代理问题而言，就是大股东侵害小股东获得的利益。

大股东与小股在资本利得实现的路径上存在着分离。在全流通的资本市场中，股东的资本利得是通过公司业绩提升而导致的股价上涨来实现的，实现路径为上市公司提高经营效益——业绩提升——股票价格上涨——股东获得资本利得。在全流通的资本市场中，这一途径对大小股东无差异，但是，在我国股票二级市场上，大股东与小股东所持股票流动性的分离导致其实现资本利得路径产生差异，不再具有一致性。按照我国股票市场初始制度的设计，大股东所持有非流通股股票不能在股票公开市场上自由流通，只能按规定通过协议转让。转让价格以每股净资产为基础确定，这样，非流通股股票的价格失去了股票流通市场定权的基础与必要，每股净资产的提高成为非流通股股东实现资本利得的基础。于是，①公司的业绩可能与股票价格无关，进而与非流通股股东资本利得的实现无关。因为，公司业绩不是提高净资产，实现股价上涨的唯一途径。例如，公司可以通过高溢价发行股票迅速提高公司的净资产。这样，大股东更有动力在达到国家股权融资所需的条件后，通过高溢价发行股票来实现其股权增值，而不是苦心经营公司提高业绩。②股票流通市场上股价的升降和大股东几乎无关，大股东丧失了市场财富效应。他们也就不会关心影响股票市场上股票价格的因素，如公司业绩。于是，大股东获得资本利得路径演化为：适当的利润指标①——高溢价再融资——每股净资产

① 在我国公司法中，关于公司发行股票融资的条件包括对公司最近三年盈利水平的最低要求。上市公司再融资也有关于收益性条款的规定。

提高——股票转让价格提高——大股东资本利得增加。值得注意的是,高溢价发行股票筹集的资金不仅是大股东获得资本利得的源泉,也是为资金饥渴的大股东输送现金、增加私人收益的现金来源之一。作为流通股股东的小股东因持有的是可以在市场上自由买卖的流通股,其定价基础是公司业绩,股票价格与公司业绩高度相关,所以,流通股股东资本利得的实现路径为:上市公司加强经营管理——提升公司业绩——股票价格上涨——股东资本利得增加。公司经营绩效成为流通股股东获得资本利得的基础和长期源泉。这样大股东与小股东资本利得的实现路径产生了根本上的分离。

大股东与小股东在实现现金股利收益的路径上,没有差异。但是,考虑到大股东可能使用自己控制的现金流获取控制权私人收益,增加其整体收益,而现金股利分配政策又关系到公司现金在大股东可用于控制私人收益数量和与小股东共享收益数量之间的分配,大股东与小股东对现金股利分配政策也可能会产生分歧。由于大股东拥有公司的控制权,可能会把现金股利分配政策演化为侵害小股东利益的一种工具。关于这一问题前面已经论述,此处不再赘述。

二、我国上市公司现金股利政策的利益侵占性:理论证明

根据支付现金股利的资金来源不同,现金股利可分为两类:一类是收益性现金股利,即用公司净利润产生的现金发放现金股利;另一类是权益性现金股利,即用权益性筹集资金发放的现金股利。理论上,前者才是实际的投资收益,后者是对股东投资的返还。在我国股权分置和 IPO 制度下,这两种现金股利都带有一定的利益侵占性。即使在股权分置改革之后,由于股权分置的“原罪”使得

大股东取得相同股票的成本远远低于小股东,这种利益侵害性并未完全消除。

（一）收益性现金股利的利益侵害性

假定某公司的总股本为 S 股,大股东（A）（控股股东①）以每股 P_A 的价格认购了 S_A 股,其他股东——小股东（B）（非控股股东②）以每股 P_B 的价格认购了 S_B 股,且 $P_A < P_B$。大股东（A）与小股东（B）的投资成本分别为:S_AP_A 和 S_BP_B。公司发行股票共筹集资金 $P = S_AP_A + S_BP_B$。公司经营期间的收入与费用和现金流入与流出具有一致性,即经营期间的净利润等于净现金流量。使用经营活动产生的净现金流发放现金股利额为 D,则现金股利报酬率 $R = \dfrac{D}{S_AP_A + S_BP_B} \times 100\%$。这一报酬率也是股东投资报酬率。

大股东 A 和小股东 B 按持股比例分得的现金股利分别为:

$$D_A = \frac{D}{S} \cdot S_A \text{；} D_B = \frac{D}{S} \cdot S_B \tag{4—5}$$

大股东（A）与小股东（B）的现金股利报酬率为:

$$R_A = \frac{D_A}{S_AP_A} \times 100\% \qquad R_B = \frac{D_B}{S_BP_B} \times 100\% \tag{4—6}$$

将(4—5)式代入(4—6)式,可得(4—7):

$$R_A = \frac{D}{S \cdot P_A} \times 100\% \qquad R_B = \frac{D}{S \cdot P_B} \times 100\% \tag{4—7}$$

大股东（A）与小股东（B）的按现金股利报酬率应分得的现金股利为:

---

① 本文也指我国上市公司中的非流通股股东。

② 本文也指我国上市公司中的流通股股东。

$$D_A = \frac{D}{S_A \cdot P_A + S_B \cdot P_B} \cdot S_A \cdot P_A \text{ ; } D_B = \frac{D}{S_A \cdot P_A + S_B \cdot P_B} \cdot S_B \cdot P_B \quad (4—8)$$

如果“同股同权同价”,即 $P_A = P_B$,则:

由(4—7)可得大股东(A)与小股东(B)获得的现金股利回报率相同,即:

$$R_A = R_B = R = \frac{D}{S_A \cdot P_A + S_B \cdot P_B}$$

由公式(4—5)和(4—8)可知,股东按其持有的股份分得的现金股利与按投资金额比例获得的现金股利是相同的,即:

$$D_A = \frac{D}{S} \cdot S_A = \frac{D}{S_A \cdot P_A + S_B \cdot P_B} \cdot S_A \cdot P_A \text{ ; } D_B = \frac{D}{S} \cdot S_B = \frac{D}{S_A \cdot P_A + S_B \cdot P_B} \cdot S_B \cdot P_B$$

如果公司发行的股票“同股同权不同价”,即 $P_A \neq P_B$,则大股东(A)与小股东(B)按持股比例分得的现金股利与按投资额分得的现金股利不再相等,其差额即为因“不同价”而导致的股东收益或损失,其金额为按持股比例分得的现金股利与按投资金额比例分配的现金股利之差,即:

$$K_A = \frac{D}{S} \cdot S_A - \frac{D}{S_A \cdot P_A + S_B \cdot P_B} \cdot S_A \cdot P_A = \frac{D \cdot S_A \cdot S_B(P_B - P_A)}{(S_A + S_B)(S_A \cdot P_A + S_B \cdot P_B)} \quad (4—9)$$

$$K_B = \frac{D}{S} \cdot S_B - \frac{D}{S_A \cdot P_A + S_B \cdot P_B} \cdot S_B \cdot P_B = \frac{D \cdot S_A \cdot S_B(P_A - P_B)}{(S_A + S_B)(S_A \cdot P_A + S_B \cdot P_B)} \quad (4—10)$$

第一，从公式（4—9）和（4—10）可以得出：①如果 $P_A < P_B$（事实上，我国上市公司IPO时的情况正是如此），则 $K_A > 0$，$K_B < 0$，且 $K_A = -K_B$。也就是说，因为大股东（A）认购股票的价格小于小股东（B）认购的价格，相同的现金股利政策会使得大股东（A）比小股东（B）得到更高的收益，且 $K_A = -K_B$ 说明大股东多得的收益恰恰来自小股东少得收益的补偿；支付的现金股利越多，P_A 和 P_B 的差越大，小股东对大股东收益的补偿越大。所以，大股东（A）有提高现金股利发放率和高溢价发行股票的激励，以更多地获得控制权私人收益；②如果 $P_A = P_B$，则 $K_A = K_B = 0$，大股东不会因发放现金股利形成对小股东利益的损害。

值得一提的是，低现金股利分配政策同样也会使小股东困惑。因为，低现金股利分配政策意味着将较多的现金留存于企业，使大股控制较多的现金流量，小股东对大股东是将其用于增加公司价值的投资，还是通过构筑其他利益侵占“隧道”转移现金，以获得更多的控制权私人收益，难以作出一个正确而又合理的判断。所以，我们提出命题2：

命题2：高现金股利政策是一种大股东侵占小股东利益的分配政策，低现金股利政策的性质难以判断。

第二，$\frac{S_A}{(S_A + S_B)}$ 是大股东（A）持股比例占总股份的比例与小股东（B）持有的股份比例——$\frac{S_B}{(S_A + S_B)}$——此长彼消。在公司总股份、现金股利分配政策和 P_A 与 P_B 已定的情况下，K_A 与 $\frac{S_A}{(S_A + S_B)}$ 成正比例关系。这意味着，大股东持股比例越大，因发放现金股利而获得的收益也越多，大股东也越有激励和能力这样做。

第三,现金股利 D 与利益侵占额 K_A 呈正比例关系。于是,我们提出命题3:

命题3:第一大股东持股比例越大,公司支付的现金股利越高,第一大股东获得的收益越大,利益侵占额也越多。

(二)权益性融资现金股利的利益侵占性

当上市公司的利润表上表现出一定的净利润,符合利润分配条件,而又没有充足的净经营现金流量时,面对大股东对现金的渴求,上市公司可能会使用一部分发行流通股股票的溢价发放现金股利。我们姑且将使用超过公司经营活动净现金流量发放的现金股利称之为权益性融资现金股利。①

仍然沿用前面的假定,在本期,公司达到了利润分配的条件,但是,公司没有经营活动净现金流量,而只有发行权益性证券筹集的现金存量—— $S_AP_A + S_BP_B$,公司用于发放现金股利的金额为 Dq ,即权益性融资现金股利为 Dq 。

(1)假设公司将发行股票筹集的资金全部用来发放现金股利,即, $Dq = S_AP_A + S_BP_B$,大股东(A)和小股东(B)得到的权益性融资现金股利分别为:

$$Dq(A) = \frac{S_AP_A + S_BP_B}{S} \cdot S_A \quad Dq(B) = \frac{S_AP_A + S_BP_B}{S} \cdot S_B$$

① 因为从严格意义上来说,权益性融资现金股利是指使用公司发行权益性证券所筹集的资金发放的现金股利。由于我国上市公司在现金股利分配的公告中,并不区分收益性现金股利和权益性融资现金股利,在实证研究中我们也无法区分这两种现金股利。由于当经营现金与权益性融资获得的现金"捆绑"使用时,对公司利益相关者的效用并无差异,所以,只区分超过经营活动现金流量的部分才是有意义的,本文只将超过经营活动净现金流量的部分定义为权益性融资现金股利。

则大股东(A)和小股东(B)由此带来的"收益"分别为：

$$K_A = Dq(A) - S_A P_A = \frac{S_A S_B (P_B - P_A)}{S} ; K_B = Dq(B) - S_B P_B = \frac{S_A S_B (P_A - P_B)}{S}$$

如果，$P_A < P_B$，则 $K_A > 0, K_B < 0$，且 $K_A = - K_B$。

这意味着，当公司把发行股票筹集的资金—— $S_A P_A + S_B P_B$ ——全部用来发放现金股利时，大股东(A)分得的现金股利比其购买股票的投资额多 K_A，而小股东分得的现金股利比其购买股票的投资额少 $- K_B$，形成也大股东(A)对小股东(B)的投资额的直接侵害，其利益侵害额为：

$$K_A = - K_B = \frac{S_A S_B (P_B - P_A)}{S} = \frac{S_A}{S}[S_B \cdot (P_B - P_A)] \quad (4—11)$$

因此，当公司支付权益性融资现金股利时，由于 $P_A < P_B$ 使大股东(A)侵占小股东(B)投资形成的公司资本金。在我国，非流通股股东与流通股股东认购股票的价格就是如此，所以，在"同股不同价"的情况下，发放权益性融资现金股利使非流通股股东不仅侵占了流通股股东的利益，而且直接侵占公司的资本金。

如果 $P_A < P_B$，则 $K_A = - K_B = 0$。不存在大股东(A)对小股东(B)的利益侵害。

(2)假设用权益融资中的一部分支付现金股利，其支付比率为 d ($d \leqslant 1$)，权益性融资现金股利金额为 $d[S_B \cdot (P_B - P_A)]$，则利益侵占额为：$K_A = \frac{S_A}{S} \cdot d[S_B \cdot (P_B - P_A)]$　　(4—12)

由公式(4—12)可以看出：

①大股东(A)持股比例 $\frac{S_A}{S}$ 与对利益侵害额 K_A 成正比。这意

味着,在权益性融资额和现金股利支付率一定的情况下,大股东(A)持股份比例越高,侵害的利益越多;反之,当大股东的持股比例很小时,大股东通过发放权益性融资现金股利所得的利益侵害额也就非常小。所以,大股东持股比例越高,可能越愿意制定较高的现金股利分配政策,而且现金股利分配政策是一个比较隐蔽的利益侵害方式;当大股东持股比例较小时,大股东可能就不热衷于发放权益性融资现金而是将现金留在公司通过其他方式转移现金,以获得控制权私人收益。

(2)用于支付现金股利的权益性融资额与 K_A 之间呈正比例关系。

(3) $[S_B \cdot (P_B - P_A)]$ 是因同股“不同价”,小股东(B)(我国为流通股股东)认购 S_B 数量的股票比大股东(A)(在我国为非流通股股东)多付出的资金,该金额越大,大股东可用于侵占的资金越多。大股东(A)可以通过两种途径增加利益侵害的资金:提高大股东与小股东认购股票的价格差和增加小股东认购股票的规模。这使我们不难理解:上市公司发行股票时,一方面要尽可能地提高发行价格,以扩大与大股东股票价格之间的差;另一方面要竭力扩大其发行规模;同时,对在增发股票时大股东放弃认购权也不应该感到奇怪。因为,这样可以增加利益侵害金额。但是,这样做会:①稀释大股东的控制权,然而只要大股东能够保证控制权,其私人收益并没有减少,所以,在保证不失去对上市公司控制权的情况下,大股东是会这样做的;②减少在收益性现金股利分配中获得的份额,这一部分份额便是放弃股票认购权进行利益侵害的成本,只要侵害额大于侵害成本,出现净收益,也不会影响大股东的行为。

总之,大股东(非流通股股东)利用权益性证券融资发放现金

股利侵害小股东(流通股股东)利益的原理如下图4—2:

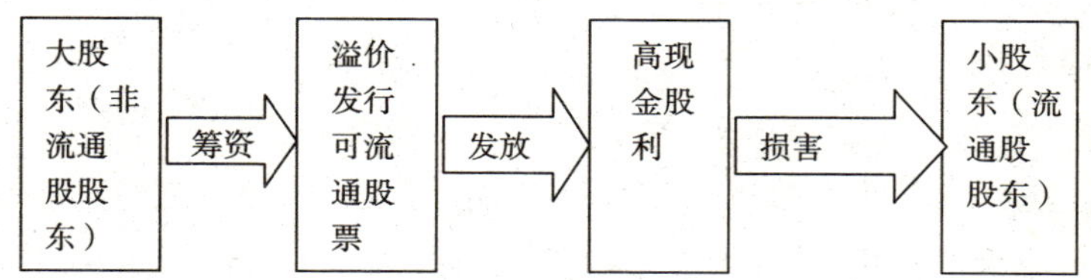

图4—2　权益性融资现金股利利益侵害机理示意图

从图4-2看出,大股东通过溢价发行股票筹集到资金后,制定高现金股利政策,使用小股东的认购资金(严格来说是用小股东超过大股东认购资金部分)发放现金股利,实现了大股东对小股东利益的侵害。

值得注意的是,大股东以权益性融资发放现金股利侵占小股东的利益必须具备一个前提:上市公司以不同价格发行"同股同权"的股票。我国市场制度初始设计恰恰使其成为合法的事实:当上市公司首次发行股票时,大股东按照面值的价格认购股票,小股东在市场上按照溢价于面值几倍甚至几十倍的价格认购了相同的股票。当上市公司进行股票再融资(包括配股和增发新股)时,由于大股东与小股东认购股票的价格相同,于是,大股东多数会放弃认购权,然后再用从小股东认购发放现金股利,直接侵害小股东的资本金。根据Chi-Wen Jevonsand Xing Xao(2004)在实证研究中的统计结果表明,对我国上市公司非首次发行的股票而言,作为小股东的流通股股东100%的会认购股票,而作为大股东的非流通股股东认购股票的比例不足30%。这足以表明大股东利用权益性融资现金股利侵害小股东利益的存在性。

权益性现金股利分配形式直接侵蚀了公司的资本金,从性质上,比通过利用收益性现金股利进行利益侵害更加严重。所以,有命题4：

命题4：高权益性融资现金股利是一种性质更为严重的利益侵害政策。

三、其他大股东对第一大股东现金股利利益侵害的作用

在大股东中，第一大股东（控股股东）之外的其他大股东对公司的治理作用也至关重要。他们对第一大股东或者具有监督（制衡）作用，或者具有“合谋”作用。这一点将在第五章第一节第二部分进行分析和实证检验。从股权集中度来看，第一大股东和其他大股东都持有较多的股份，其利益具有一致性。从股东身份上来看，由于流通股股东与非流通股股利益目标和利益形成的机制存在着相当大的差异，所以，我国上市公司的第一大股东（控股股东）是非流通股股东，而其他大股东是流通股股东时，其他大股东对第一大股东（控股股东）具有显著的监督（制衡）作用，当第一大股东和其他大股东都是非流通股时，其他大股东和第一大股东（控股股东）可能会产生“合谋”。

命题5：当第一大股东是非流通股股东时，其他大股东为流通股股东的公司比其他大股东为非流通股股东的公司实施利益侵占性现金股利政策的可能性较低。

四、待检验假设

大股东（控股股东）以其利益最大化目标决定公司的现金股利分配政策，小股东也会预期到这一点。根据信号传递理论，当公司公告现金股利分配政策时，小股东会从这一政策中“揣摩”出公司的现金股利政策是否存在侵害小股东利益的“嫌疑”，并对此作出反应，这一反应表现为公司股票价格的变化。如果小股东认为

公司实施了具有利益侵害性的现金股利分配政策，则将视其为"坏消息"，在市场上作出消极的反应，如抛售或拒绝买入公司股票，导致股票价格的下降；如果小股东认为公司实施了能够增加其价值的现金股利政策，则视之为"好消息"，在市场上作出积极反应，如增持或新购入公司股票，导致股票价格上升。所以，我们可以通过现金股利公告的市场反应检验现金股利政策是否存在利益侵害性。如 Klaus Gugler、B.Burcin Yurtoglu(2003)所说"现金股利能够传递大控股股东与外部小股东之间利益冲突的严重性，现金股利变化公告的市场效应提供了关于这种冲突的新信息"①，根据前面对大股东利用现金股利政策进行利益侵害的分析以及命题，提出如下待检验假设。

H1：市场对现金股利增加的公告有消极的反应，对现金股利减少的公告有积极反应，但是，可能不显著。（命题 2）

H2：市场对股权集中度高的公司比股权集中度低的公司的现金股利的变化有更强的反应。（命题 1、命题 2）

H2(a)当公司公告现金股利增加时，市场对股权集中度高的公司的消极反应强于对股权集中度低的公司；

H2(b)当公司公告现金股利减少时，市场对股权集中度高的公司的积极反应大于股权集中度低的公司。

H3：其他大股东为非流通股股东的公司比其他大股东为流通股股东的公司更可能实施具有利益侵占性的现金股利政策。（命题 5）

H3(a)当公司公告现金股利增加时，市场对其他大股东为非

① Klaus Gugler, B. Burcin Yurtoglu, "Corporate governance and dividend pay-out policy in Germany", *European Economic Review*, 2003, vol. 47, pp.731-758.

流通股股东(无监督)公司的消极反应大于对其他大股东是流通股股东的公司。

H3(b)当公司公告现金股利减少时,市场对其他大股东是流通股股东公司的积极反应强于对其他大股东是非流通股股东的公司。

H4:市场对公司增加权益性现金的反应为负,且强于对收益性现金股利增加的反应。(命题4)

H5:市场反应与第一大股东持股比例和现金股利变化额之间存在着相关关系。(命题3)

H5(a)当公司公告现金股利增加时,累计平均超额收益率(Car)与第一大股东的持股比例、现金股利变化额负相关;

H5(b)当公司公告现金股利减少时,累计平均超额收益率(Car)与第一大股东的持股比例、现金股利变化额正相关。

第三节　检验设计

一、研究方法

本章通过现金股利公告的市场反应检验我国上市公司的现金股利分配政策是否具有利益侵害性。学术界一般都使用事件法研究市场的反应。测量市场反应的事件方法主要有股票价格波动分析法、超额收益法和多元回归分析法,其中,股票价格波动分析法通过观察某一事件前后股票交易量是否发生了变动,检验市场是否受到了某一事件的影响,但是,它无法说明具体的影响程度和效果,所以,本研究使用超额累计收益法和多元回归分析法来测量市场对现金股利公告的反应。

（一）超额收益法

1.现金股利公告时间窗口的确定

现金股利公告日是事件研究法中确定时间窗口的基点。在我国，投资者可以在三个不同的时点上获得公司分配现金股利的信息：第一次从上市公司年报中对上一年度利润分配预案的公告中，得到现金股利分配的信息。这时的年报同时公布了其他对投资者有意义的信息，例如盈余信息，使我们无法区分出公告中的现金股利公告效应，所以，本书并不采用这一日期作为现金股利公告日；第二次是在上市公司股东大会是否通过年报中提出的分配预案的公告中，得到现金股利分配信息；同样的，股东大会决议公告同时也公布了其他信息，如董事会成员变动及配股消息，我们也因无法分离出现金股利公告效应而舍弃不用。第三次是从上市公司正式的分红派息公告中获得现金股利分配的信息。由于在第一次和第二次获得现金股利分配信息中往往伴随着公司其他信息的公告，如年度报告中除了现金股利分配的信息外还会有盈余增长信息等。在股东大会通过现金股利分配预案的公告中也会披露其他信息，如董事会成员的变动。只有第三次分红派息的公告比较"纯净"，为了避免检验时出现的"噪音"，我们把上市公司公告分红派息日作为确定时间窗口的基准日，即作为事件研究法中的 T=0 日①。

2.超额收益的计算

本研究采取市场风险调整报酬率（Market and Risk Adjusted

① 在中国股票市场中，公司现金股利分配的信息一般要公布三次：作为分配预案出现在年报中；股东大会的公告中；上市公司专门发布公司年度分配方案的公告。我们选择第三次作为现金股利公告日，其理由见：俞乔、程莹：《我国公司红利政策与股市波动》，载《经济研究》2001 年第 4 期，第 33—41 页。

Returns）计算非正常报酬率。在该模型下，首先应用事件日前 m 个交易日到前 n 个交易日（即在 $t \in [-m, -n]$ 共 $m-n+1$ 天的研究窗口内）的股票报酬率信息进行下列回归：

$$R_{it} = \alpha_i + \beta_i R_{mt} + \varepsilon_{it} \quad \varepsilon_{it} \sim (0, \delta^2) \tag{4—13}$$

公式（4—13）中：$R_{it} = (P_{it} - P_{it-1}) / P_{it-1}$，是股票 i 在第 t 日的实际收益率，其中，P_{it} 和 P_{it-1} 分别表示股票 i 在第 t 和第 t-1 个交易日的收盘价格；R_{mt} 是应用上海股票市场 A 股市场综合指数计算得到的第 t 日的市场收益率①；α_i，β_i 为回归系数，α_i 表示股票 i 的收益率与市场收益无关的常数部分，β_i 表示股票 i 对市场收益率的灵敏度，它表明市场指数收益率每增长 1%，股票 i 预期收益率增长的数值；ε_{it} 则代表随机误差项。

在估计出每只股票在 $t \in [-m, -n]$ 研究窗口内的回归系数 α_i 和 β_i 后，即可用估计出的市场模型预测事件日前后交易日股票的期望正常报酬率，即：

$$\hat{R} = \hat{\alpha}_i + \hat{\beta}_i R_{mt} \tag{4—14}$$

其中，$\hat{R}$ 是股票 i 在事件期间的期望报酬率；$\hat{\alpha}_i$ 是股票 i 在事件期间的回归系数；$\hat{\beta}_i$ 是股票 i 在事件期间的回归系数。在得到期望报酬率后，即可计算股票 i 非正常报酬率，对于事件 i 在第 t 日的非正常报酬率 AR_{it} 计算如下：

$$AR_{it} = R_{it} - (\hat{\alpha} + \hat{\beta} R_{mt}) \tag{4—15}$$

我们用累计超额收益率（CAR_{SE}）指标衡量现金股利公告的市场反应，$CAR_{SE} = \sum_{i=s}^{E} AAR_t$，其中，$ARR_t = \frac{1}{N} \sum_{i=1}^{N} AR_{it}$，N 为事件的

① 因为本书在实证研究部分所取的样本是上海股票 A 股市场的股票，为了保证一致性，所以，使用上海股票 A 股市场的综合指数计算市场风险报酬。

个数，S 和 E 分别是时间窗口的起始日和终止日。

3.非预期现金股利的计算

现金股利公告的市场反应表现为现金股利公告对股票价格波动的影响，只有公告日的非预期的现金股利才会影响市场投资者的行为，从而引起股票价格的波动，即非预期的现金股利才能引起市场反应，向市场传递信息。本书根据林特纳（Lintner，1956）现金股利决定模型计算非预期现金股利。

根据林特纳模型，公司的现金股利政策具有“黏性”，一般都会制定一个固定支付水平的目标现金股利支付率，不会轻易改变其现金股利政策，公司的实际现金股利是向目标现金股利支付率进行部分调整的结果。现金股利的变化额是由上年度现金股利和本年度预期现金股利支付水平之差。

目标现金股利支付水平计算公式如下。

$D_{iy}^{*} = \tau \Pi_{iy}$，

$\Delta D_{iy} = \gamma + \alpha(\tau \Pi_{iy} - D_{iy-1}) + \varepsilon_{iy}$ 或者 $D_{iy} = \gamma + \alpha\tau \Pi_{iy} + (1 - \alpha) D_{iy-1} + \varepsilon_{iy}$ （4—16）

其中，D_{iy}^{*} 是公司 i 在 y 年的目标现金股利支付额，τ 是目标现金股利支付率；Π_{iy} 是公司 i 第 y 年的收益额；ΔD_{iy} 是公司 i 第 y-1 年与第 y 年的现金股利支付水平的差额；D_{iy-1} 是公司 i 第 y-1 年支付的现金股利额；D_{iy} 是公司 i 第 y 年的预期现金股利支付额；α 是公司 i 现金股利支付的调整速度；γ 为常数项；ε_{iy} 为误差项。我们运用样本数据对方程（5-15）进行回归分析计算出目标支付率 τ 、调整速度 α 以及 γ ，从而计算出公司 i 第 y 年的预期现金股利支付额 $\hat{D}_{iy}$ ，则非预期现金股利支付额为：

$$\Delta d_{iy} = d_{iy} - \hat{D}_{iy} \quad （4—17）$$

公式(4—17)中，Δd_{iy} 为非预期的现金股利支付额；d_{iy} 为公司 i 第 y 年的实际现金股利支付额。

(二)多元回归分析法

本书的多元回归分析法主要是在选择一定的样本和时间窗口的基础上，建立影响现金股利公告事件的因素与累计超额收益之间的回归方程，然后根据回归系数的大小、符号和显著性判断现金股利公告事件的信息含量。本研究的回归方程如下：

$$Car = \alpha_0 + \alpha_1 share1 + \alpha_2 share2 + \alpha_3 L + \alpha_4 \Delta d/P + \alpha_5 Q + \alpha_6 S + \varepsilon$$

回归分析模型中，Car 是累计超额收益，被解释变量，是表示市场反应的替代变量；$share1$ 是公司第一大股东的持股比例，其值为第一大股东持有普通股数量与公司普通股总股本的比例；$share2$ 是公司中其他大股东(前第二至第五位)的持股比例，其值是公司前第2、3、4、5股东持有普通股数量之和与公司普通股总股本的比例；L 是一个虚拟变量，表示其他大股东是流通股股东还是非流通股股东，如果其他大股东是流通股股东，其值为1，如果其他大股东为非流通股股东，其值为0，如果其他大股东中既有流通股股东也有非流通股股东，按“流通股数量/非流通股数量”的比值确定，该值大于1认定其他大股东为流通股股东，该值小于1认定其他大股东为非流通股股东；$\Delta d/P$ 表示现金股利变化的程度，其中，Δd 为非预期现金股利，P 是现金股利公告日前第123个交易日该股票的收盘价。Q是一个虚拟变量，表示现金股利类型是收益性现金股利还是权益性融资现金股利，如果现金股利是权益性融资现金股利，其值为1，否则为0。$Sale$ 是一个表示公司增长机会的虚拟变量，如果公司的主营业务收入增长率大于0，其值为1，如果公司主营业务收入增长率小于或等于0，其值为0。

二、样本的确定与样本分组

(一)样本的确定

如前所述,本研究的现金股利公告日是上市公司的分红派息公告日。本章以国泰君安的 CSMAR 数据库为源数据库,剔除了以下公司:(1)金融类上市公司,因为这类公司有一些特殊的法律保护和不同的治理结构;(2)不盈利的公司及不分配现金股利的公司;(3)数据不全的或出现奇异值的上市公司;(4)特殊处理的公司(即 ST 或 * ST 公司)。在 CSMAR 数据库中不能提供的数据,我们通过搜狐、证券之星、金融界等网站以及中国证券报等报刊进行人工收集,并对 CSMAR 中的一些数据进行修正。最后,选取了 1998 年至 2010 年在上海交易所上市的 A 股 773 家公司,以这些公司的 3363 个现金股利分配事件作为源样本①,按照以下标准对现金股利事件进行筛选:①为了能够计算出正常收益,要求公司在分配现金股利公告日之前有 130 个正常的连续交易日;②为了减少除息日效应带来的"噪音",要求分配现金股利公告日与除息日相隔至少 5 个交易日;③为了减少其他事件与分红派息同时公告带来的"噪音",要求同一公司现金股利公告日的当天不能同时有其他事件的公告;④现金股利公告为纯现金股利公告事件,如果同时有股票股利,这一事件也将被剔除②;⑤如果公司按季或半年发放现金股利,我们以年度内最后一次发放现金股利的公告为样本。⑥2005 年以后进行股权分置改革的公司,因股权分置改革对价发放给小股东的现金股利将被剔除。这样,最终获

① 这样选择样本考虑了以后研究股权结构和小股东法律保护对现金股利分配政策影响的样本特征,以使整个研究报告所使用的样本具有一致性。

② 标准①—③与俞乔、程滢的"我国公司红政策与股市波动"(《经济研究》2001 年第 4 期,第 32—41 页)一文使用的标准相同。

取现金股利公告事件 2040 个。本书使用 SPSS19.0 软件进行统计分析。

本书引入 Lintner 模型,根据公式(5—17)将样本分为增加现金股利和减少现金股利两组,如果公司 i 第 y 年的 $\Delta d_{iy} > 0$,该现金股利公告为现金股利增加组的一个样本;如果公司 i 第 y 年的 $\Delta d_{iy} < 0$,该现金股利公告为现金股利减少组的一个样本。2040 个现金股利公告事件分为 986 个现金股利增加的事件,1054 个现金股利减少的事件①。

(二)样本分组

1.股权分散、股权相对集中与高度集中的公司

根据经验和学者们的研究结论,当第一大股东持股比例小于 20%为经理人控制而非股东控制型公司,其主要代理问题是经理人与股东之间的代理问题。当第一大股东持股比例大于 20%时,主要问题是大股东与小股东之间的代理问题。所以,将第一大股东持股比例小于 20%的公司界定为股权分散的公司;第一大股东持股比例在 20%—50%之间的公司界定为股权相对集中的公司;第一大股东持股比例在 50%以上的公司界定为股权高度集中的公司。由于本书主要研究大股东与小股东之间的代理问题,所以,第一大股东持股比例大于等于 20%的公司,在本章的实证检验中只研究股权高度集中和股权相对集中的公司中大股东对小股东利益侵害性。

① 对同一公司只要有两年以上(包括两年)发放了现金股利,即使这两年不是相邻的两个会计年度也作被视为相邻的两年,如果在 1998—2010 期间发放现金股利不足两个年度的,则可向前追溯到前一个分配现金股利的年度,作为第 y-1 年度支付的现金股利,如果公司从来没有分配过现金股利,则将现金股利视为零。

2.其他大股东为流通股股东与非流通股股东的公司

按其他大股东是流通股还是非流通股将样本分为两组，如果其他大股东是非流通股股东，将该公司定义为非流通股公司，归为非流通股样本组，否则为属于流通股样本组。在一个公司中，其他大股东中可能有流通股股东也有非流通股股东，这时，按照前第2—5位股东中“非流通股股东的持股比例/流通股股东的持股比例”的比值确定，如果该比值大于1为非流通股股东公司，如果该比值小于1为流通股股东公司。

3.交叉分组

将总样本按①和②的分类标准组合分为：相对集中—流通股组、相对集中—非流通股组、高度集中—流通股组和高度集中—非流通股组四个子样本组，以便研究可能存在利益侵害的股权结构类型。

第四节　检验结果分析——事件研究法

一、市场反应时间窗口的确定

事件研究中时间窗口长短应该选择适当。一般来说，长时间窗口可以更多地捕获到相关信息，但是，可能会产生“噪音”；短时间窗口可以降低信息噪声的影响，但是，会损失一部分信息含量。所以，时间窗口的长短之间存在一个两害相权取其轻的平衡问题。本书先使用一个较长的时间窗口，观察市场对现金股利公告事件的反应期，然后根据观察结果确定时间窗口的长度。根据以前学者的研究经验，本书选择现金股利公告日前10天至后10天（[-10,+10]）为时间窗口，以现金股利公告日前[-10,-130]的120个交易日为估计期，并以此期间的股票价格数据作为正常的市场表现，从而计算出事件期间内的日超额收益和累计超额收益。

其结果如表 4—1。

表 4—1　时窗为[-10,+10]现金股利变化公告的 AAR 和 CAR

时窗	现金股利增加		现金股利减少		组间差异 AAR
	AAR	CAR	AAR	CAR	
-10	0. 000494	0. 000494	0. 000294	0. 000294	0. 0002
-9	-0. 000371	0. 000123	-0. 000109	0. 000185	-0. 000262
-8	0. 000299	0. 000422	0. 000189	0. 000374	0. 00011
-7	0. 000301	0. 000723	0. 000178	0. 000552	0. 000123
-6	-0. 000209	0. 000514	-0. 000244	0. 000308	0. 000035
-5	0. 000322	0. 000836	0. 000199	0. 000507	0. 000123
-4	-0. 000300	0. 000536	-0. 000176	0. 000331	-0. 000124
-3	-0. 004981***	-0. 004445***	0. 000384*	0. 000715*	-0. 005365
-2	-0. 005012***	-0. 009457***	0. 000401*	0. 001116*	-0. 005413
-1	-0. 005894***	-0. 015351***	0. 000485*	0. 001601*	-0. 006379
0	-0. 006758***	-0. 022109***	0. 000541*	0. 002142*	-0. 007299
1	-0. 004021***	-0. 02613***	0. 000390*	0. 002532*	-0. 004411
2	-0. 004122***	-0. 030252***	0. 000342*	0. 002874*	-0. 004464
3	-0. 003809***	-0. 034061***	0. 000311*	0. 003185*	-0. 00412
4	0. 000299	-0. 033762	0. 000199	0. 003384	0. 0001
5	-0. 000301	-0. 034063	-0. 000099	0. 003285	-0. 000202
6	0. 000319	-0. 033744	0. 000199	0. 003484	0. 00012
7	0. 000300	-0. 033444	0. 000149	0. 003633	0. 000151
8	0. 000385	-0. 033059	0. 000173	0. 003806	0. 000212
9	0. 000302	-0. 032757	-0. 000200	0. 003606	0. 000502
10	0. 000299	-0. 032458	0. 000108	0. 003714	0. 000191

注：*，**，*** 分别表示 10%、5%、1%的显著水平。

表 4—1 显示,在分红派息公告日前 10 天到前 3 天和分红派息公告日后 10 天到后 3 天的区间内,无论是现金股利增加还是现金股利减少样本组都没有发生显著的日平均超额收益和累计超额收益;在分红派息公告日前 3 天至公告后 3 天([-3,+3])的时窗内,出现了显著的日平均超额收益和累计超额收益,公告日前后的第 4 天开始,显著的日平均超额收益和累计超额收益消失了。

表 4—1 还显示,在[-3,+3]的时间窗口内,现金股利增加样本组的日平均超额收益和累计超额收益为正,且在 1%的水平上显著;现金股利减少样本组的日平均超额收益和累计超额收益为负,且在 10%的水平上显著。这表明,市场投资者对现金股利的增加持消极态度,将其视为"坏消息",而对现金股利减少有积极的反应,但是,这种反映的显著程度不如对现金股利增加的反应强烈。投资者对现金股利增加公告和减少的公告存在着明显的差异。这一结果支持假设 H1。

图 4—3 和 4—4 也形象地显示了现金股利公告产生超额收益的时间窗口。因此,本研究以上市公司专门发布的公司年度分配方案的公告日为现金股利公告日,并将其定义为第 0 日,即 T=0,其前后[-3,+3]为时间窗口,作为市场反应期;以现金股利公告日前[-3,-123]的 120 个交易日为估计期,作为正常的市场表现期。在研究过程中,只报告现金股利公告日前 3 天到后 3 天[-3,+3]的超额收益,以便运用该期间的股票价格数据作为正常的市场表现,回归得出各股的风险因素值,从而计算出事件期间的日超额收益。在累计超额收益的回归分析中,我们也只计算在[-3,+3]时间窗口内,即 7 天的累计超额收益率。

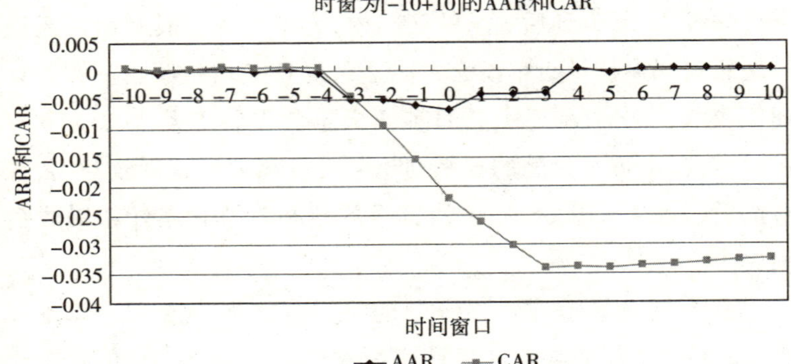

图 4—3　现金股利增加公告的日平均超额收益与累计超额收益

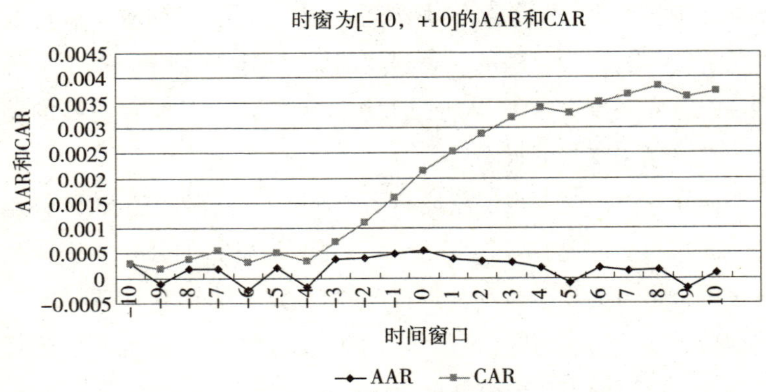

图 4—4　现金股利减少公告的日平均超额收益与累计超额收益

二、不同股权结构下现金股利变化的市场反应

本部分将检验哪种股权结构更可能出现利用现金股利分配政策进行利益侵害。为此，在把样本分为现金股利增加与减少事件两组的基础上，又按照股权结构进一步分为：股权高度集中的公司 vs 股权相对集中的公司、无流通股股东公司（无监督公司）vs 有流

通股股东公司(有监督公司)、股权高度集中且无流通股东(无监督)公司 vs 股权高度集中且有流通股东(有监督)公司三个对照组。通过市场对每一对照组的反应和组间差异检验,寻找更可能存在利益侵占风险的股权结构。表 4—2 提供了时间窗[-3,+3]内的市场反应及市场反应的组间差异。

表 4—2　现金股利公告市场反应(ARR,%)

时窗	超额收益率及组间差异	股权高度集中公司(1)	股权相对集中公司(2)	无流通股股东(无监督)公司(3)	有流通股股东(有监督)公司(4)	股权高度集中且无流通股东公司(5)	股权高度集中且有流通股东公司(6)
现金股利增加							
-3	AAR(%)	-0.783**	-0.204	-1.010***	-0.023	-1.531**	0.187
	Difference	-0.579***		-0.987***		-1.718***	
-2	AAR(%)	-1.200***	-0.324	-1.365***	-0.284	-1.489***	0.197
	Difference	-0.876**		-1.081***		-1.686***	
-1	AAR(%)	-1.112***	-0.361	-1.156***	-0.112	-1.79***	0.203
	Difference	-0.751***		-1.044***		-1.993***	
0	AAR(%)	-1.211***	-0.306	-1.985***	-0.124	-1.450***	0.128
	Difference	-0.905***		-1.861***		-1.578***	
+1	AAR(%)	-1.001.***	-0.288	-1.365***	-0.111	-1.901***	0.156
	Difference	-0.713		-3.115		-2.057	
+2	AAR(%)	-0.978***	-0.215	-1.211***	-0.112	-1.568***	0.200
	Difference	-0.763***		-1.099**		-1.768	
+3	AAR(%)	-1.220.***	-0.256	-1.213***	-0.098	-1.458***	0.209
	Difference	-0.964**		-1.115***		--1.667***	
现金股利减少							
-3	AAR(%)	0.461	0.312	0.399	0.401	0.498	0.435
	Difference	0.149		-0.002		0.063	

续表

-2	AAR(%)	0.635	0.409	0.502	0.467	0.599	0.456
	Difference	0.143		0.035		0.143	
-1	AAR(%)	0.549	0.459	0.615	0.499	0.701	0.587
	Difference	0.09		0.116		0.114	
0	AAR(%)	0.804	0.496	0.625	0.556	0.799	0.701
	Difference	0.308		0.069		0.098	
+1	AAR(%)	0.756	0.521	0.687	0.604	0.798	0.614
	Difference	0.235		0.083		0.184	
+2	AAR(%)	0.645	0.423	0.529	0.47	0.67	0.511
	Difference	0.222		0.059		0.159	
+3	AAR(%)	0.6	0.396	0.5	0.411	0.569	0.486
	Difference	0.204		0.089		0.083	

注：***，**，* 分别表示在1%、5%、10%的水平上显著。

从表4—2看到，在[-3，+3]时窗内，在现金股利增加的样本组里，子样本组(1)、(3)、(5)的AAR都为负，且至少在5%的水平上显著。子样本组(2)和(4)的AAR为负但不显著，子样本组(6)的AAR为正，但是，并不显著。在现金股利减少的样本组里，AAR都为正且都不显著，表明市场并没有把现金股利的减少看作一个“坏消息”，作出了积极的反应，但是，这种反应表现出了市场对现金股利减少的“暧昧”态度。其原因可能是，市场不能确定现金股利减少而节省的现金是用于增加小股东价值的项目，还是通过其他“隧道”输送给大股东，牟取控制权私人收益。股权高度集中的公司vs股权相对集中的公司、无流通股东公司（无监督公司）vs有流通股东公司（有监督公司）、股权高度集中且无流通股东（无监督）公司vs股权高度集中且有流通股东（有监督）公司的组间差异显著。市场对现金股利的增加反应消极，并把股权高度集中、无流通股的其他大股东和股权高度集中且无流通股的其他大股东的三个类型的股权结构视为更可能发生大股东侵占其利益的股权结构，其现金股利分配政策也更可能是具有利益侵害性的利益分配。这一结论支持假设 H1、H2、H3。

在[-3,+3]时间窗口内，现金股利增加样本组中，子样本组(1)、(2)的市场反应(AAR 值)都为负，子样本组(1)的市场反应(AAR 值)至少在 10%的水平是显著的，且两组之间存在着显著差异。结果支持假设 H2(a)。子样本组(3)、(4)、(5)的市场反应(AAR 值)为负，但是，(5)的市场反应并不显著。子样本组(6)为正，也不显著。子样本组(3)和(4)、(5)和(6)的市场反应的组间差异在 1%的水平上是显著的。结果支持假设 H3(a)。

在[-3,+3]时间窗口内，现金股利减少样本组中，子样本组(1)、(2)的市场反应(AAR 值)都为正，但是，并不显著，两组间的市场反应差异也不显著。这一结果并不完全支持假设 H2(b)。子样本组(3)、(4)、(5)、(6)的市场反应(AAR 值)都为正，但是，并不显著，两组间的市场反应也没有显著的差异。这一结果并不完全支持假设 H3(b)。

市场对现金股利减少反应不显著的可能原因是投资者对公司采取减少现金股利分配政策的目的不能作出一个明确的判断，即投资者无法判断公司把因减少现金股利政策截留在公司的现金，是用于增加投资者价值的项目还是通过其他利益输送“隧道(Tunneling)”获得控制权私人收益。如果公司具有较好的增长机会，那么，采取低现金股利分配政策，将留存的现金用于更好的投资项目，这对投资者来说是一个“好消息”，市场会作出积极的反应。如果公司没有增长前景，可能存在着控制权人(如控股股东——大股东）滥用现金的风险，低现金股利分配政策对投资者来说是一个“坏消息”，市场可能会对此反应消极。为此，本研究以主营业务增长率作为公司增长机会的替代变量①，将现金股利减少的样本按主营业务收入增长率大于0还是小于0分为两组，检验市场对面临不同增长机会的公司减少现金股利分配政策的反应，检验结果如下表4—3所示。

表4—3　市场对不同增长机会公司减少现金股利的反应（ARR，%）

主营业务收入增长率大于0（sale>0）							
时窗	超额收益率及组间差异	股权高度集中公司(1)	股权相对集中公司(2)	无监督（无流通股股东）公司(3)	有监督（有流通股股东）公司(4)	股权高度集中且无监督公司(5)	股权高度集中且有监督公司(6)
−3	AAR(%)	0.312*	0.204	0.312**	0.112	0.698***	0.324
	Difference	0.108*		0.2***		0.374***	
−2	AAR(%)	0.346*	0.256	0.400**	0.201	0.699***	0.442*
	Difference	0.09*		0.199***		0.257***	
−1	AAR(%)	0.500**	0.322*	0.489**	0.213*	0.768**	0.477**
	Difference	0.15**		0.29**		0.35***	
0	AAR(%)	0.610***	0.332**	0.622***	0.312**	0.991***	0.595**
	Difference	0.278***		0.31***		0.396***	
+1	AAR(%)	0.445***	0.274*	0.479**	0.204*	0.801**	0.541**
	Difference	0.171**		0.275**		0.26**	

① 本研究采用主营业务收入增长率作为公司增长机会的替代变量，而没有采取诸如“市盈率”“市净率”等与市场价格有关的指标，原因在于我国股票市场未远达到“有效”和本书的样本跨股权分置改革前后，使使用与市场价格相关的指标变得复杂。主营业务收入增长率指标表示公司增长机会也被国内外学者广泛使用，如 La Porta et al.（2002）；沈艺峰等（2008）；俞红海等（2010）。

续表

+2	AAR(%)	0.311***	0.222*	0.348**	0.208	0.668**	0.489
	Difference	0.089**		0.14**		0.179**	
+3	AAR(%)	0.300***	0.2	0.344**	0.128	0.509**	0.412
	Difference	0.131**		0.216***		0.097**	
主营业务收入增长率小于 0(sale<0)							
-3	AAR(%)	-0.244**	-0.136**	-0.213***	-0.198*	-0.456**	-0.255
	Difference	-0.108*		-0.015***		-0.201*	
-2	AAR(%)	-0.365**	-0.2**	-0.441***	-0.159**	-0.523**	-0.36*
	Difference	-0.165***		-0.282***		-0.163***	
-1	AAR(%)	-0.494**	-0.318*	-0.511***	-0.299*	-0.711**	-0.388**
	Difference	-0.176***		-0.212***		-0.323**	
0	AAR(%)	-0.515***	-0.422***	-0.547**	-0.365***	-0.791**	-0.45*
	Difference	-0.093***		-0.182***		-0.341***	
+1	AAR(%)	-0.411**	-0.329*	-0.442**	-0.234**	-0.621**	-0.389*
	Difference	-0.082**		-0.208***		-0.232**	
+2	AAR(%)	-0.268**	-0.214*	-0.298**	-0.155*	-0.511**	-0.233
	Difference	-0.054***		-0.143**		-0.278**	
+3	AAR(%)	-0.242**	-0.189	-0.249*	-0.111*	-0.345**	-0.2
	Difference	-0.053***		-0.138*		-0.145**	

注：***，**，* 分别表示在 1%、5%、10%的水平上显著。

从表 4—3 可以看出，对有增长机会（sale>0）的公司减少现金股利，市场作出了积极的反应，对可能存在利益侵害股权结构的公司[子样本组(1)、(3)和(5)]有显著的反应，并与存在利益侵害风险较小的公司[子样本组(2)、(4)和(6)]有显著的差异。这表明投资者对有增长机会的公司减少现金股利的认同，减少现金股利可能会带来他们所持股份价值的增加，将其视为“好消息”。同时，在提高现金股利被视为利益侵占的假设前提下，存在利益侵占风险较大的公司减少现金股利可能超出了市场的预期，所以，对其反应强度超过了存在利益侵占风险较小的公司，这一结果进一步支持了假设 H2(b)。对于没有增长机会的公司(sale<0)减少现金股利，市场作出了消极反应。在可能存在利益侵害股权结构的公司中，至少在5%的水平上显著。在存在利益侵害风险较小的股权结构公司中，消极反应也大多数是显著的。组间的差异至少在5%的水平上显著。这表明，市场将没有增长机会的公司减少现金股利看作“坏消息”，一种可能会侵害其利益的现金股利分配政策。这一结果也进一步支持了假设 H3(b)。

三、发放含有权益性融资现金股利的市场反应

该部分要检验权益性融资现金股利的利益侵害性，即检验假设 H4 是否成立。权益性融资现金股利是指公司使用发行权益性证券筹集的资金发放的现金股利，其实质是使用股东的资本金发放的现金股利，是一种利益侵害性质更为严重的现金股利分配政策。由于我国上市公司在现金股利分配的公告中，并不包含支付现金股利的资金是来源于经营活动还是发行权益性证券融资的信息。所以，在现金股利公告中，我们也无法严格区分收益性和权益性融资现金股利。但是，本研究可以有限地使用权益性融资现金股利这一概念，其原因有二：一是该部分要检验的问题是，在性质上，权益性融资现金股利是一种比增加收益性现金股利更为严重的利益侵害政策，因为它直接侵蚀了小股东的资本金，是一种“杀鸡取卵”的行为；二是公司在经营过程中，对资金的使用并不区分是经营活动产生的现金还是权益性融资获得的现金(对权益性融资的使用有约束性条款的除外)，两者对公司的效用并无差异，所

以,只要能够区别哪些现金股利的支付额超过了经营活动产生的现金流量,具有权益性融资现金股利的性质即可。因此,在实证过程中,本书只将超过经营活动净现金流量的现金发放的现金股利定义为权益性融资现金股利,并设计了判断这一现金股利性质的标准——现金股利保障倍数的倒数,这一指标是根据现金股利倍数改进而来的。

张学谦教授使用了现金股利保障倍数①区分这两种现金股利,并做了如下解释:"该指标提供了公司用正常的经营活动现金流量来满足支付现行现金股利能力的证明,并在一定程度上体现了公司的现金股利政策。从理论上讲,该指标应该大于1,只有这样,公司当期创造的经营活动现金流量才足以支付当期的现金股利,否则,公司就需要通过融资来派发现金股利。"从这一解释中可以看出:第一,公司支付现金股利的资金来源。公司可以用经营活动产生的现金流量,也可以用外部筹集资金支付现金股利;第二,公司外部人判断公司支付现金股利资金来源的标准。如果现金股利保障倍数大于1,说明公司以经营活动现金流量支付了现金股利,否则,是以外部融资活动筹集的资金支付了现金股利。需要说明的是,尽管外部筹资有权益性融资和债务性融资,但是,一般来说,公司不会使用债务性融资发放现金股利。因为,债务性现金股利将债权人对现金的优先求偿权转移给了股东,且"这种转移经常出现在那些法人实体即将消失或改变性质的公司中(Dewenter,K.L.,Warther,V.A.,1998)。为了防止股东在日常经营中利用现金股利对债权人的利益侵害,债权人会在债务契约中加入严格的禁止用债务融资发放现金股利的条款,形成禁止公司发放现

① 这种"刚性"在本书中也得到了一贯的证明。

金股利的‘刚性’约束”。①

现金股利保障倍数仅反映当期的经营活动现金流量支付现金股利的能力，以其大于 1 或小于 1 来区分收益性现金股利和权益性融资现金股利，忽视了现金流入可能滞后对分析问题带来的误差。为此，本研究对该指标做了如下改进，设计出权益性融资现金股利的判断标准：首先，为了整理数据的方便和更加直观，以现金股利保障倍数的倒数——每股现金股利/每股经营活动净现金流量——作为权益性融资现金股利的判断标准，其值大于 1 或小于 0 时，现金股利为权益性融资现金股利。其次，为了弥补现金流入滞后可能带来的误差，计算“每股现金股利/每股经营活动净现金流量”指标连续三年的简单平均数。按照这一标准，在 3363 个现金股利分配事件作为源样本中，找到含有权益性融资的现金股利事件共 497 个涉及 338 家上市公司。

表 4—4　权益性融资现金股利和收益性现金股利的市场反应对比表(ARR,%)

时窗	权益性融资现金股利	收益性现金股利(增加)	组间差异
-3	-0.998***	-0.415***	-0.583**
-2	-1.485***	-0.712***	-0.773***
-1	-1.365***	-0.599***	-0.766***
0	-1.587***	-0.774***	-0.813***
1	-1.112***	-0.478***	-0.634***
2	-0.758***	-0.477***	-0.281***
3	-0.523***	-0.314***	-0.209*

注：***，**，* 分别表示在 1%、5%、10%的水平上显著。

① 现金股利保障倍数 $=\frac{\text{经营活动现金流量}}{\text{现金股利}}$。

表4—4中数据显示，在时窗[-3，+3]内，市场对发放含有权益融资现金股利和收益现金股利的增加，都有负的反应，且在1%的水平上显著。这表明市场两种现金股利的增加作出了消极反应，将其视为一种利益侵占性的现金股利政策。市场对两者的消极反应存在差异，且这种差异在时窗[-2，+2]内表现出了1%统计上的显著水平。这一结果支持假设H4。表明权益融资现金股利的侵害性在性质上比收益性现金股利更为严重。

第五节　检验结果分析——多元回归分析法

通过事件研究法，研究了利用现金股利进行利益侵害的存在性，发现了一些可能存在利益侵害的股权结构和存在利益侵害的现金股利的类型。本部分将进一步检验股权结构和现金股利的变化对市场反应的具体影响，为此，我们建立了一个多元回归分析模型：

$$Car = \alpha_0 + \alpha_1 share1 + \alpha_2 share2 + \alpha_3 L + \alpha_4 \Delta d/P + \alpha_5 Q + \alpha_6 Sale + \varepsilon$$

回归结果如下表4—5：

表4—5　市场反应多元回归结果汇总表

方程		α_1 (t-value)	α_2 (t-value)	α_3 (t-value)	α_4 (t-value)	α_5 (t-value)	α_6 (t-value)	Adj.R^2
现金股利增加	1	-0.110	-0.010		-0.188			0.26
		-2.040***	-1.092		-1.981***			
	2	-0.211	-0.009		-0.301			0.34
		-3.890***	-0.890		-2.982***			
	3	-0.101	0.021		-0.111			0.32
		-1.892	1.565		-2.311*			
	4	-0.152	0.098	0.113	-0.145			0.40
		-3.011***	1.210***	1.676***	-2.332**			

续表

方程		α_1 (t-value)	α_2 (t-value)	α_3 (t-value)	α_4 (t-value)	α_5 (t-value)	α_6 (t-value)	Adj.R^2
现金股利减少	5	0. 009	0. 002		0. 010			0. 19
		1. 040	0. 925		1. 980			
	6	0. 018	0. 001		0. 022			0. 21
		2. 556***	1. 780*		3. 252***			
	7	0. 012	0. 001		0. 013			0. 26
		2. 201	0. 955		2. 113*			
	8	0. 021	0. 010	0. 019	0. 016			0. 22
		3. 322	2. 220*	1. 767***	2. 985**			
	9	0. 015	0. 005		0. 013		0. 011	0. 30
		2. 111**	1. 322		1. 988***		2. 089***	
10		−0. 188	0. 002		−0. 157	−0. 100		0. 35
		−2. 877***	0. 989		−2. 665***	−2. 223***		

注:方程 1 和 5 分别是对现金股利增加和减少时的整体回归;方程 2 和 6 是分别在现金股利增加和减少时,股权高度集中情况下的回归;方程 3 和 7 是分别在现金股利增加和减少时,股权相对集中情况下的回归;方程 4 和 8 是分别在现金股利增加和减少时,对其他大股东是否为流通股股东的回归;方程 9 是在现金股利减少时,对公司增长机会的回归;方程 10 是对含有权益性融资现金股利的回归。*,**,*** 分别表示在 10%、5%和 1%水平上显著。

表 4—5 中方程 1 和 5 是分别以现金股利增加和减少样本,市场对现金股利变化反应的整体回归结果。回归结果表明,当公司公告增加其现金股利时(见回归方程 1),累计超额收益率(Car)与现金股利变化的程度($\Delta d/P$)和第一大股东的持股比例($share1$)在 1%的水平上显著负相关,与其他大股东的持股比例($share2$)负相关,但是,并不显著。这说明,公司现金股利增加变化的程度($\Delta d/P$)和第一大股东持股比例($share1$)是市场对公司增加现金股利分配政策产生消极反应的显著影响因素,一方面,投资者把现

金股利的增加视为一种利益侵占的政策；另一方面，投资者认为第一大股东持股比例越大，越可能制定通过增加现金股利侵害其利益。这一点在方程 2 中得到贯彻，并通过方程 3 累计超额收益率与第一大股东持股比例不再显著以及方程 2 与方程 3 之间存在着显著差异（t = 2.5769，P = 0.0002（T 检验过程和详细结果本研究报告中并未列示））得到进一步印证。当公司减少其现金股利时（见方程 5），累计超额收益率（Car）与现金股利变化程度（ $\Delta d/P$ ）、第一大股东持股比例（ *share*1）以及其他大股东持股比例（ *share*2）都存在着正相关关系，但是，并不显著。这说明：投资者并没有将公司减少现金股利看作损害其利益的行为，公司第一大股东与其他大股东的持股比例对减少现金股利分配政策的制定没有太大的影响，投资者对此反应并不强烈。这一点在方程 6（股权高度集中情况下）的回归结果（正相关的显著性水平）中得到进一步验证。现金股利减少的整体回归结果的不显著性也可能表明了市场对公司公告现金股利减少的矛盾心态。整体回归结果支付了假设 H1。

方程 2 和 3 以增加现金股利为样本，分别对在股权高度集中和股权相对集中情况下的回归方程。回归结果显示，累计超额收益（Car）与现金股利变化程度（ $\Delta d/P$ ）和第一大股东的持股比例（ *share*1）负相关，但是，它们的相关性显著水平不同：在股权高度集中情况下（方程 2），累计超额收益（Car）与现金股利变化程度（ $\Delta d/P$ ）和第一大股东的持股比例（ *share*1）的相关性显著水平为 1%，而在股权相对集中情况下（方程 3），超额累计收益率（Car）与第一大股东的持股比例（ *share*1）之间的关系并不显著，与现金股利变化程度（ $\Delta d/P$ ）的显著水平也只有 10%。两方程间的差异在 1%的水平上显著（t = 1.9880，P = 0.005，本研究报告中没有列示）。

回归结果支持假设 H2(a)。这说明投资者在把增加现金股利看作侵害其利益的一种利润分配政策,把股权高度集中视为可能会发生利益侵害的股权结构。

在公司现金股利减少部分中,方程 6 和 7 以减少现金股利样本,分别对在股权高度集中和股权相对集中情况下的回归方程,回归结果表明,累计超额收益(Car)与现金股利变化程度($\Delta d/P$)和第一大股东的持股比例($share1$)正相关。表明投资者并没有把减少现金股利看作是一种利益侵害的利润分配政策。在减少股利时,市场对高度股权集中的股权结构比对相对集中的股权结构的反应强烈(前者在 1%水平上显著,而后者不显著),且两方程间有显著差异(t = 2.8688,P = 0.002,本表中没有列示)。这可能是因为,股权高度集中的公司比股权相对集中的公司更容易发生大股东(控股股东)侵害小股东利益的情况,如果投资者普遍认为增加现金股利是一种利益侵害行为,对于股权高度集中的公司减少现金股利相对股权相对集中的公司更超出人们的预期,市场对其反应也就比后者更加显著。回归结果支持假设 H2(b)。总之,假设 H2 成立。

方程 4 和方程 8 分别以现金股利增加和减少为样本,加入其他大股东性质(L)因素后的回归方程。回归结果显示,其他大股东(L)与累计超额收益率(Car)正相,且在 1%的水平上显著,不同的是其他大股东性质(L)系数与第一大股东持股比例($share1$)系数的符号方向相反。这表明,投资者认为在制定现金股利过程中,如果第一大股东为非流通股股东,其他大股东为流通股股东,其他大股东对第一大股东有监督作用,如果第一大股东和其他大股东同为非流通股股东,他们可能出现合谋。根据前面的理论分析,在我国的资本市场上,流通股股东与非流通股股东存在着利益冲突，当公司的其他大股东为流通股股东时，说明公司的股权结构是一个存在着监督因素的结构，第一大股东（控股股东）侵害小股东利益的可能性会因此而降低，所以，市场对其他大股东为流通股股东的股权结构作出了积极的反应。另外，由于增加现金股利被视为一种侵害小股东利益的分配政策，而减少现金股利则被看作一种能够增加小股东价值的分配政策，所以，在现金股利增加时，第一大股东持股比例与其他大股东性质系数符号相反，而在减少现金股利时两者的符号相同。体现了第一大股东和其他大股东在对现金股利增加上的利益冲突和在现金股利减少上的利益一致性。回归结果支持假设 H3(a)、H3(b)和 H3。

方程 10 是在现金股利减少时，加入公司增长机会影响因素的回归结果。公司增长机会与累计超额收益率有正相关关系，且在 1%的水平上显著。这进一步支持了假设 H3(b)。

方程 10 是加入权益性融资现金股利的回归方程，以检验市场对权益性融资现金股利的反应。回归结果表明，累计超额收益率(Car)与第一大股东持股比例（*share*1）、现金股利变化率（$\Delta d/P$）和权益性融资现金股利(Q)系数负相关，且在 1%的水平上显著。这表明，第一大股东持股比例越大，发放权益性融资现金股利越多，小股东获得的累计超额收益率越少，市场对公司发放权益性融资现金股利作出了消极的反应。实证结果支持假设 H4。

从表 4—5 可看到，当现金股利增加时，累计超额收益率(Car)与第一大股东的持股比例（*share*1）和现金股利变化率（$\Delta d/P$）显著负相关，支持假设 H5(1)；当现金股利减少时，则显著正相关，支持假设 H5(2)。总体结果支持假设 H5。

第六节　市场反应的纯净性和稳健性检验

一、市场反应的纯净性检验

现金股利除息日效应可能会影响现金股利公告市场反应的研究结果，这种效应的存在，意味着现金股利公告时间窗口内的超额收益可能不完全是由现金股利公告效应引起的。

为了避免这种干扰的方法之一是选择公告日与除息日相隔足够远长的现金股利公告①。虽然，本研究报告选取样本时删除了现金股利公告日与除息日相隔小于 5 个工作日的事件，但是，为了保证检验结果没有“噪音”，我们借鉴了俞乔和程滢（2001）的研究方法，采用区位参数法选取公告日与除息日相隔 5 天以上的样本，检验市场对现金股利分配政策的反应。根据 Keim（1989）的研究将定义区位参数（location parameter）为（收盘股价-买方出价）/（卖方出价-买方出价）。这一指标可以观察到市场买方与卖方力量的变化，若区位参数大于 0.5，就意味着市场上买方较多；若区位参数小于 0.5 则意味着卖方较多。如果投资者想利用除息日赚取现金股利，会在公告日前买入股票，在公告日后卖出股票，那么，我们就能够观察到明显的不同于参考期的区位参数。为此，本研究首先计算出[-123，-3]时间窗口的区位参数作为参照期区位参数，然后再分别计算出时间窗口[-3，+3]内每一天的区位参数作为公告期区位参数，并用 t 检验比较参照期与公告期区位参数之间是否存在显著的差异。表 4—6 分别给出了不同的股权结构下，

① 俞乔、程滢：《我国公司红利政策与股市波动》，载《经济研究》2001 年第 4 期，第 32—40 页。

增加现金股利和减少现金股利公告的区位参数及t检验结果。

表4—6　市场反应的纯净性检验结果

时窗	股权高度集中公司的区位参数（标准方差）	股权相对集中公司的区位参数（标准方差）	无监督公司的区位参数（标准方差）	有监督公司的区位参数（标准方差）	股权高度集中且无监督公司的区位参数（标准方差）	股权高度集中且有监督公司的区位参数（标准方差）
现金股利增加的公告						
△	0.466(1.056)	0.508(1.002)	0.492(1.068)	0.595(1.807)	0.412(1.101)	0.490(1.533)
-3	0.475(1.767)	0.511(1.254)	0.486(1.121)	0.505(2.001)	0.493(1.985)	0.521(2.122)
-2	0.458(1.983)	0.489(0.988)	0.422(0.988)	0.511(2.432)	0.550(3.300)	0.488(2.000)
-1	0.502(2.011)	0.500(1.112)	0.476(1.098)	0.479(1.756)	0.522(2.755)	0.434(0.999)
0	0.511(2.890)	0.508(1.329)	0.488(1.111)	0.485(1.876)	0.491(1.860)	0.503(2.342)
+1	0.437(1.874)	0.493(1.022)	0.511(1.968)	0.504(1.655)	0.499(1.582)	0.477(1.989)
+2	0.469(1.966)	0.432(1.002)	0.398(0.989)	0.502(1.069)	0.433(1.032)	0.511(2.744)
+3	0.429(1.878)	0.511(2.009)	0.395(1.865)	0.454(0.994)	0.411(0.898)	0.491(1.655)
现金股利减少的公告						
△	0.501(2.011)	0.476(1.112)	0.446(0.989)	0.512(2.398)	0.477(1.133)	0.404(0.108)
-3	0.503(2.333)	0.466(1.016)	0.499(1.212)	0.489(1.847)	0.472(1.111)	0.233(0.565)
-2	0.490(1.759)	0.495(1.989)	0.398(1.158)	0.510(2.857)	0.511(2.564)	0.333(0.767)
-1	0.454(1.334)	0.389(0.985)	0.509(2.433)	0.466(1.323)	0.500(2.110)	0.667(3.655)**
0	0.505(1.999)	0.503(2.564)	0.476(0.952)	0.399(0.998)	0.475(0.991)	0.501(2.565)
+1	0.521(2.867)	0.399(0.998)	0.511(2.867)	0.423(1.092)	0.499(1.211)	0.434(0.901)
+2	0.456(1.984)	0.454(0.898)	0.498(1.642)	0.533(3.001)	0.501(2.101)	0.421(1.210)
+3	0.489(2.112)	0.876(1.596)*	0.399(1.001)	0.519(2.958)	0.485(0.998)	0.502(1.990)

注：△表示参考期的区位参数；*，**，*** 分别表示组间差异在10%、5%和1%的显著水平。

检验结果表明，在[-3，+3]的时间窗口内，每一天的区位参数与参照期区位参数并没有显著的差异，仅有股权高度集中的公司在减少现金股利公告的前1天、股权相对集中的公司在减少现金股利公告后的第3天存在明显的买方活动增多的现象。因此,从总体上来看,在现金股利公告[-3,+3]的时窗内,市场行为并没有异常变动,投资者在现金股利公告的[-3,+3]的时间窗口内没有频繁地交易股票,即本研究计算出的超额收益并没有受除息日效应的影响,是相对纯净的结果。

二、市场反应的稳健性检验

在研究公司现金股利分配政策利益侵害存在性时,本研究采取市场风险调整报酬率(Market and Risk Adjusted Returns)计算非正常报酬率,作为市场的反应的替代变量,为了使研究结果更加稳健,我们使用卖出——持有超额收益率作为市场反应的替代变量,重新检验提出的假设。

卖出——持有超额收益率的计算公式为:

$$BH_{it} = \Pi(1 + R_{it}) - \Pi(1 + R_{mt})$$

式中 BH_{it} 表示事件 i 第 t 日的卖出——持有超额收益率; R_{it} 表示事件 i 在 t 日的收益率, R_{mt} 是根据沪市综合指数计算的在第 t 日的市场回报率。

每日平均卖出——持有超额收益率 $ABHt = \frac{1}{N}\sum_{i=1}^{N} BH_{it}$

时间窗口[-3,+3]内7天的累计卖出——持有超额收益率为:

$$CBH = \sum_{t=-3}^{t=+3} ABHt$$

我们用 ABH_t 代替 AAR, CBH 代替 CAR 做了与前面相同的市场反应检验和方程回归检验,检验结果并没有实质性的改变。

第七节　本章小结

本章主要从理论上阐述了我国上市公司存在侵害小股东利益的现金股利分配政策的类型，以及可能存在利益侵害的股权结构，并通过经验数据检验了所提出的假设，从而揭示了我国现金股利政策特有的特征背后的经济意义：(1)现金股利分配政策是大股东侵占小股东利益的工具之一。与西方理论不同的是，在我国特有的制度设计下，高现金股利分配政策是大股东(非流通股股东)侵占小股东(流通股股东)的政策，大股东持股比例越大，支付的现金股利越高，大股东的利益侵占额越多。(2)利用经营活动产生的现金发放现利与利用权益性融资发放现金股利进行利益侵占的区别在于后者的性质更为严重，因为它直接侵占了小股东(流通股股东)的资本金。(3)从理论上看，大股东(控股股东)持股比例越大，越可能发生利益侵占行为。(4)关于上市公司中其他大股东的作用。当其他大股东与第一大股东的利益一致时，可能与第一大股东“合谋”，与第一大股东存在利益冲突时，可能对第一大股东有监督作用，但是，在我国上市公司中，其他大股东的监督作用并不显著。

第五章　股权结构对小股东利益分配的影响

上一章我们从理论上分析了我国上市公司的大股东利用利润分配政策侵害小股东利益的原理，并检验了这种侵害的存在性。发现公司的现金股利分配政策是大股东侵害小股东利益的工具，大股东的持股比例与利益侵害之间确实存在着显著关系。那么，大股东对公司的控制度是如何影响公司的现金股利分配政策制定的呢？本章对股权集中度代替大股东对公司控制度，运用控制权理论研究第一大股东和其他大股东（第 2—5 位）对公司利润分配政策——现金股利政策的影响。

第一节　股权结构对小股东利益分配的影响：理论分析与假设

一、第一大股东对小股东利益分配政策的影响：理论分析与假设

（一）理论分析

第一大股东与小股东的利益冲突是围绕着现金流的争夺展开的，而公司的现金股利分配政策对现金流的分配又有调节作用，所以，第一大股东与小股东会围绕着现金股利分配政策的制定展开博弈，以实现自己利益的最大化。在持股期间，第一大股东获得的

收益包括两部分:控制权私人收益和现金股利。现金股利是以现金形式按股东持股比例分配的公司的利润,是所有股东的共享收益,股东的"合法收益"之一,是现金流权的现实实现。现金股利分配政策对第一大股东用于私人收益的现金流具有调节作用,公司分配的现金股利总额与第一大股东可用于的控制权私人收益的现金额之间存在着此消彼长的关系。因此,现金股利分配政策会影响收益在第一大股东与小股东之间的分布,进而影响第一大股东与小股东的利益分配后果。公司是"法律"框架的虚构,现金股利政策便是公司的"法律"之一,这一"法律"必然渗透着公司"统治阶级"——第一大股东——的意志和利益倾向,而且第一大股东的持股比例越大,就越有能力,也有激励将其意志上升为公司的意志,在公司利润分配上表现为代表第一大股东意志的现金股利分配政策。所以,第一大股东的持股比例影响着公司的现金股利政策。

命题1:第一大股东的持股比例对公司的现金股利分配政策具有显著影响。

在公司法律制度框架已定的情况下,股东的法律权力禀赋是一个常量,而股票持有份额所产生的权力则是一个变量,第一大股东的持股比例不仅反映了其在公司中的权力结构和权利大小,而且还反映了公司所有权与控制权的分离程度,这种分离程度决定了公司中控制权及利益的分布,决定了公司中委托人与代理人冲突的性质。Leech and Leahy(1991)按照第一大股东的持股比例,将公司的控制人类型分为三个区域:股权分散——经理人控制区域、股权相对集中——经理人与大股东共享控制区域和股权高度集中——大股东绝对控制区域。在不同的区域,控制人的类型不同,公司利益冲突不同,第一大股东的不同持股比例对现金股利分配政策产生的影响力也不同,即第一大股东的持股比例不同,对公司现金股利分配政策之间存在着一定的关系。这种关系如图5—1所示：

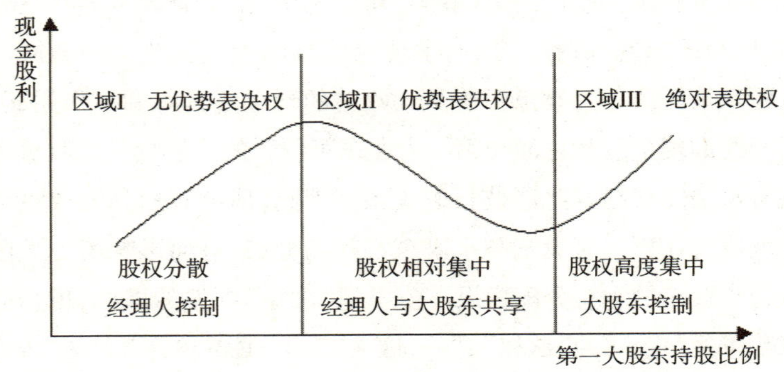

图5—1 第一大股东持股比例与现金股利分配政策关系图

注：图5—1中，横轴代表第一大股东的持股比例，纵轴代表公司的现金股利分配政策，以现金股利支付率表示。

在区域I，股权分散，第一大股东的持股比例较低，未达到股权制衡点①，所有权与控制权高度分离，公司的实际控制权人是经理人，大股东与小股东之间具有利益上的一致性，所以，公司的主要代理问题是经理人与全体股东之间的代理问题，表现为经理人与所有股东之间的利益冲突。根据现金股利的代理理论和自由现金流量假说，经理人可能倾向于低现金股利政策，甚至不发放现金股利，以便留存更多的现金用于私人收益，这样就损害了全体股东的利益。为了缓解这种损害，股东可能利用法律和公司治理中赋予

① 根据Leech and Leahy(1991)的研究，制衡点是第一大股东的持股比例为25%。如果第一大股东的表决权比例超过25%，则在表决权争夺中，就比较容易赢得大多数其他股东的支持，处于优势表决权地位，从而制衡经营者，当超过50%时，第一大股东就拥有了绝对控制权，不再与经营者共享控制权了。所以，当第一大股东持股比例小于25%时，界定为区域I；当第一大股东持股比例为25%—50%时，界定为区域II；当第一大股东持股比例大于50%时，界定为区域III。这与我国公司法对控制的界定也基本一致。

的权力监督经营者，或者通过“用脚投票”的方式让经营者“吐出”现金，其中方法之一，就是提高现金股利支付率。在该区域，第一大股东无公司控制权，没有能力决定公司的现金股利政策，也不能与经理人一起分享低现金股利分配政策带来的控制权私人收益，但是，他的持股比例相对其他股东较高，有激励对经营者进行监督，以提高公司价值，而其他小股东也会因此“搭便车”从中受益。第一大股东的监督激励与能力随着其持股比例的提高而增加。所以，在区域I，公司现金股利支付率①随着第一大股东持股比例的提高不断上升，但是，上升的速度会越来越慢，最终上升速度出现拐点。

命题2：公司股权高度分散时，第一大股东持股比例越高，公司越可能制定高现金股利分配政策。

区域II是公司股权相对集中的区域，第一大股东持股比例超过了制衡点，具有了表决权相对优势，对公司利润分配政策、融资政策等的制定能够产生重大影响或相对的控制，他们或者亲自担任公司经理人，或者与经理人一起参与公司的经营管理。但是，在该区域，与其他大股东相比，第一大股东相对持股比例并没有太大优势，其他大股东有能力与第一大股东抗衡，或者与之“合谋”，所以，在该阶段，第一大股东对公司的控制权具有不稳定性，存在着控制权的争夺，是经理人与第一大股东共同分享控制权的阶段。

在该区域，第一大股东持股数量占总股份的比例不高，如果按股东持股比例分配公司现金股利，第一大股东只能分到少数现金，大部分现金将分配给其他股东。不考虑其他条件，假定留存于公司的现金可以被控制权人用于控制权私人收益，那么，分配给其他

① 一个表示公司现金股利政策的变量，其值为每股现金股利与每股收益的比。

股东的现金股利就是第一大股东的派现成本，这时，大股东因分配现金股利而获得的收益小于成本。在持股比例一定的情况下，公司分配的现金股利越多，第一大股东的派现成本就越高；反之，低现金股利政策可能会使第一大股东受益更多。所以，提出命题3：

命题3：在股权相对集中时，第一大股东持股比例越高，越有可能制定低现金股利政策。

在区域 III，与其他大股东相比，第一大股东的持股比例达到了绝对优势，其他大股东与之相抗衡的成本（例如股东的联合成本）将大大增加，而因此得到的收益会减少，其他大股东失去了争夺控制权的能力与兴趣，所以，此时，公司控制权的争夺结束，第一大股东掌握了公司的绝对控制权，身兼控股股东与经理人的双重身份。从利润分配上来看，随着第一大股东持股比例的提高，派现成本相对降低，承担的因控制权私人收益而导致公司价值损失的份额增加，净控制权私人收益减少，此时，第一大股东获得控制权私人收益的热情降低，可能更偏好通过发放现金股利的正常途径获得收益。所以，提出命题4：

命题4：当公司股权高度集中时，第一大股东持股比例越高，公司越有可能制定高现金股利分配政策。

根据前面的分析，区域 I 是股权高度分散区域，区域 II 和区域 III 是股权集中的区域，与之相对应，公司的代理问题由全体股东与经理人的利益冲突演化为大股东与小股东之间的利益冲突。公司的利润分配政策也承之发生倾向性。我们以 La Porta 等人（1999）的简单模型①为基础，对这一问题做进一步的论证。与 La

① La Porta 等人（1999）的第一大股东的效用模型为：$U = srI - C(k, s)rI + \alpha(1 - s)rI$。

Porta 等人的模型不同的是,在 La Porta 等人的模型中,假设所有权与现金流权相分离,公司的股权结构类型是金字塔或交叉持股或双重性质股份。我们的研究基于单层控制的股权结构类型,所以,假定:

第一,所有权与现金流权相一致,利润与其对应的现金流相一致。因此,第一大股东在公司中的持股比例 α ,既是其表决权份额也是其现金流权或所有权份额。

第二,第一大股东的持股比例 α 不仅由第一大股东使用资金从资本市场上购买而得,而且还受国家经济、文化、法律等发展历史、公司的生命周期等因素外生的影响,并且考虑到我国第一大股东持有股份多是非流通股或限售股,不考虑第一大股东因现金股利支付政策导致出售股票的资本利得或损失。所以,第一大股东(控股股东)的持股收益来自两部分:持股比例分得的现金股利和控制权私人收益。由于在公司现金流量一定的情况下,现金股利与控制权私人收益之间存在着此长彼消的关系,所以,第一大股东在制定现金股利政策时,可能会在可获得控制权私人收益与分配现金股利两者之间作出权衡。

第三,考虑到我国上市公司的治理结构和特殊的国有背景,假定第一大股东既是公司的控制权人也是公司的经理人,在公司中东拥有相对或绝对的控制权,他们按照自己利益最大化的方式行动,对公司的现金股利政策产生重大影响或决定现金股利政策。

设公司的资本总额为 I ,其投资的收益率为 r ,因此,其利润为 rI 。第一大股东是公司的控股股东,可以通过对公司的控制获得控制权私人收益。在分配现金股利之前,可以利用控制权从公司中转移利润份额 s(即为控制权私人收益占利润总额的比例, $sI \leq rI$)给自己,可用于分配现金股利的数额为 $(1 - s)rI$ 。第一大股东获得控制权私人收益时也会发生成本。这个成本主要来自两个方面：一方面是因侵占小股东利益可能承担的法律风险（ k ）；另一方面是为获得控制权私人收益 s 份额而发生的现金流的耗费（ s ），如建立中介公司支付的现金等。两者构成第一大股东侵占小股东利益的成本函数 $C(k,s)$ ，C 值为第一大股东控制权私人收益成本占公司利润的比例。因此，第一大股东转移公司 s 份额的利润后，其实际收益仅为 $srI - C(k,s)rI$ 。第一大股东转移公司利润后，将剩余利润再按股东的持股比例分配现金股利，则第一大股东可得现金股利额为 $\alpha(1 - s)rI$ ，其他股东分得的现金股利为（ $(1 - \alpha)(1 - s)rI$ ），是第一大股东的派现成本，因此，第一大股东因利益侵害而获得控制权私人收益的效用函数是：

$$U = srI - C(k,s)rI + \alpha(1 - s)rI - (1 - \alpha)(1 - s)rI \quad (5—1)$$

第一大股东的行动目标是：

$$Max(U) = Max[(srI - C(k,s)rI + \alpha(1 - s)rI) - (1 - \alpha)(1 - s)rI]$$

由于等式(5—1)中 s 的最优解独立于 rI ，所以，上述效用函数的最大化等价方程变为：

$$Max(U) = Max[s - C(k,s) + \alpha(1 - s) - (1 - \alpha)(1 - s)] \quad (5—2)$$

于是，这个问题的一阶条件为：

$U_s = 1 - C_s(k,s) - \alpha + 1 - \alpha = 0$，即得：

$$C_s(k,s) = 2(1 - \alpha) \geqslant 0 \quad (5—3)$$

公式(5—3)这表明，第一大股东的持股比例越高，其利益侵害成本越低，如果把现金股利看作第一大股东进行利益侵害，获得控制权私人收益的一种政策性工具，那么，第一大股东是如何确定公司现金股利政策的呢？

在均衡条件下，对于给定的 k 和 s 水平（例如，法律保护框架已定和第一大股东向公司外部输送现金“隧道”已经构筑完成），利益侵占成本已成为沉没成本，那么，$C(k,s)$ 为一常数，此时，第一大股东的效用只与公司的现金股利分配政策有关，与 $C(k,s)$ 无关，其效用函数也由（3—1）式

$$U = srI - C(k,s)rI + \alpha(1-s)rI - (1-\alpha)(1-s)rI$$

变为：

$$U = srI + \alpha(1-s)rI - (1-\alpha)(1-s)rI$$

整理得：

$$U = srI - (1-s)rI(1-2\alpha) \qquad (5\text{—}4)$$

由（5—4）式，当 $\alpha \leqslant 50\%$ 时，$(1-s)rI(2\alpha-1) \leqslant 0$，第一大股东的效用会因发放现金股利而降低。当 $\alpha > 50\%$ 时，$(1-s)rI(2\alpha-1) > 0$，第一大股东的效用会因发放现金股利而提高。所以，在只考虑现金股利分配政策对第一大股东获得控制权私人收益的影响时，第一大股东 50% 的持股比例是其对高或低现金股利分配政策产生偏好的拐点。这一点也与单层控制类型根据表决权判断股东是否对公司有绝对控制权的持股比例的分界点相一致。

所以，提出例题 5 和命题 6：

命题 5：在股权相对集中的公司中，第一大股东偏好低现金股利政策；

命题 6：在股权高度集中的公司中，第一大股东偏好高现金现金股利政策。

需要说明的一点是，由于本书所使用的控制权结构为单层控制权结构，同时，在我国上市公司中并不存在优先股。所以，“上市公司的所有权比例与表决权比例是一致的，按第一大股东的持

股比例区分公司控制权的三个区域，其效果与按第一大股东的表决权比例分区是相同的”。

（二）待检验假设

本书根据 Leech and Leahy（1991）对控制类型的划分标准和公式（5—4），把公司分为股权分散的公司（第一大股东持股比例小于 25%的公司）、股权相对集中的公司（第一大股东持股比例在 25%—50%之间的公司）和股权高度集中的公司（第一大股东持股比例大于 50%的公司）三个类型。

根据以上理论分析得出的命题，我们提出以下待检验假设：

H1：第一大股东对现金股利分配政策有影响，其持股比例与现金股利支付率之间的关系呈“N”形；（命题 1，命题 2，命题 3，命题 4）

H1（a）在股权分散的公司中，第一大股东持股比例与现金股利支付率正相关（命题 2）；

H1（b）在股权相对集中的公司中，第一大股东持股比例与现金股利支付率负相关（命题 3，命题 5）；

H1（c）在股权高度集中的公司中，第一大股东持股比例与现金股利支付率正相关（命题 4，命题 6）。

H2：股权相对集中公司与股权高度集中公司的现金股利支付率存在着显著差异，且前者的现金股利支付率小于后者。（命题 5，命题 6）

二、其他大股东对小股东利益分配政策的影响：理论分析与假设

（一）理论分析

其他大股东是指除第一大股东之外，持有股份较多的股东，一般是指持股比例排在第 2-N 位的股东，本书是指持股比例排在前

第2—5位的股东。

1.其他大股东对第一大股东的作用:监督(制衡)或者“合谋”

其他大股东单独持股比例相对于第一大股东较小,相对其他小股东持股比例较大,如果若干个其他大股东联合起来,其持股比例与第一大股东相当或者甚至会超过第一大股东持股比例,所以,其他大股东对公司的利润分配政策分产生影响。这种影响表现为他们监督(制衡)第一大股东,或者与第一大股东“合谋”。是监督(制衡)还是“合谋”取决于其他大股东与第一大股东之间利益的一致性。

当其他大股东与第一大股东存在着利益冲突时,其他大股东对第一大股东的行为有监督(制衡)作用。首先,其他大股东也是公司重要的资本投入者,对公司和第一大股东来说,并不是可有可无的,其资本的撤出或他们行为的示范作用都可能对公司的发展带来重大影响;其次,在公司治理中,公司赋予了他们应享有的权利,这些权利对单个股东来说,可能很难对抗第一大股东,但是,若干个其他大股东联合起来可能会形成表决权上的相对优势,有能力制约第一大股东的行为。国家为了维护社会秩序,也会以法律(如公司法和证券法)的形式保护小股东(非控股股东)的利益,赋予他们一些免于被第一大股东(控股股东)侵占利益的权力,例如,对抗董事权、累计投票制度等,这样其他大股东可以利用法律赋予的权力对第一大股东形成监督。所以,当第一大股东与其他大股东之间存在利益冲突时,其他大股东对第一大股东具有监督作用,这种作用也会反映在现金股利政策的制定上。如 Edwards and Weichenrieder(1999)所说“其他大股东有激励监督第一大股东,并且也有能力这样做。” M.Cary Collins 等人(1996)也发现当公司第二大股东持股比例较高时,可以起到明显的监督作用。如果其他大股东起到了真正的监督作用,当第一大股东制定的现金股利政策损害到其他大股东的利益时，其他大股东将会抑制第一大股东的行为，这种抑制行为对现金股利政策的影响将是积极的。

当其他大股东与第一大股东的利益一致时，其他大股东可能与第一大股东"合谋"，以推动有利于他们的现金股利分配政策的实施，而不是对第一大股东的行为进行制衡。C. Benjamin Maury and Anete Pajuste（2002）研究发现，在芬兰上市公司中存在着第一大股东与其他大股东的"合谋"，他们通过低现金股利政策牟取私人收益，而不是与小股东共同分享公司的收益。

命题 7：当其他大股东与第一大股东存在利益冲突时，其他大股东对第一大股东有监督作用。当其他大股东与第一大股东利益一致时，可能与第一大股东"合谋"。

2.其他大股东与第一大股东利益一致性分析

股权集中度的视角。如前所述，当第一大股东持股比例在区域 I 时，由于公司的股权被股东分散持有，公司中第一大股东持股比例与其他大股东的持股比例并没有明显差异，经营者掌握着公司控制权，在公司中主要存在全体股东与经理人之间的利益冲突，第一大股东与其他股东的利益趋于一致，两者在制定公司的现金股利分配政策时，更趋于"合谋"而不是监督。第一大股东与其他大股东对公司现金股利政策影响的方向将是一致的。

命题 8：股权分散时，其他大股东与第一大股东"合谋"，对现金股利政策的影响一致。

从股权集中度的视角，第一大股东与其他大股东的利益会因为两者之间持有股份的差异而产生分歧，而且这种分歧随着第一大股东持股比例的提高而加大。第一大股东持股比例在区域 II 时，公司的股权相对集中，第一大股东与其他大股东的持股比例相差并不太大，利益分歧比较小，其他大股东对第一大股东的监督激励较小，甚至有时形成“合谋”。所以，在该区域，其他大股东的作用不稳定，但是，其他大股东与第一大股东一旦形成“合谋”或者监督，对公司的现金股利分配政策都会产生较大的影响。当第一大股东持股比例在区域 III 时，公司的股权高度集中，其他大股东与第一大股东的持股比例相差悬殊，不易产生利益上的一致性，其利益分歧比较大。其他大股东监督第一大股东的积极性要比区域 II 高，而监督能力则有所减弱。

命题 9：股权相对集中时，其他大股东对第一大股东的作用不明确。但是，一旦形成“合谋”或“监督”对公司的股利政策会形成较强的影响。

命题 10：股权高度集中时，其他大股东对第一大股东的监督作用明显，但是，监督能力较强。

股东身份的视角。股东的身份不同也可能产生利益的差异。我国上市公司第一大股东（控股股东）的个体身份大都是国有股股东、国有法人股股东，也有一小部分是个人股股东或民营企业的股东①，市场身份是非流通股股东或限售股。而其他大股东（第2—5 位大股东）的身份比较复杂，从个人身份来看，有的是国有股股东、法人股股东和社会公众股股东，从市场身份上看，有的是非流通股股东，有的是流通股股东。根据第三章第一节第二部分对我国上市公司中不同身份股东之间的利益冲突的分析发现，总体上，在我国上市公司中，股东之间的利益冲突主要是非流通股股东与流通股股东之间的利益冲突，他们的利益形成机制存在着巨大的差异，利益具有高度的不一致性。

---

① 第一大股东为个人股股东或民营企业股东的上市公司主要集中在中小企业板和创业板。

命题11：当其他大股东和第一大股东都是非流通股股东时，其他大股东与第一大股东具有利益一致性，在制定公司现金股利分配政策时，可能与第一大股东形成“合谋”。

命题12：当其他大股东是流通股股东而第一大股东是非流通股股东时，其他大股东与第一大股东存在利益冲突，对第一大股东有监督作用。

（二）待检验假设

根据命题7—12提出如下待检验假设：

H3：其他大股东与第一大股东存在利益冲突时，其他大股东与第一大股东持股比例对现金股利支付率的影响方向相反。（命题7）

H3（a）在股权相对集中的公司里，其他大股东与第一大股东持股比例对现金股利支付率的影响方向不确定。（命题9）

H3（b）在股权高度集中的公司里，其他大股东与第一大股东持股比例对现金股利支付率的影响方向相反。（命题10）

H3（c）当其他大股东为流通股股东而第一大股东为非流通股股东时，其持股比例与第一大股东持股比例对现金股利支付率的影响方向相反。（命题12）

H4：其他大股东与第一大股东的利益一致时，其他大股东与第一大股东的持股比例对现金股利支付率的影响方向相同。（命题7）

H4（a）在股权分散的公司里，其他大股东与第一大股东持股比例对现金股利支付率的影响方向相同。（命题8）

H4（b）当其他大股东为非流通股股东时，其他大股东与第一大股东持股比例对现金股利支付率的影响的方向相同。（命题11）

三、其他因素对小股东利益分配政策的影响

除股权结构之外，还会有其他影响公司现金股利政策的因素，

为了使问题的研究更加客观，本章归纳了学者们在研究现金股利分配政策时普遍使用的主要影响因素，并将其纳入影响公司现金股利政策的多元回归模型中。

（一）公司的盈利能力

公司的盈利能力从两方面影响着公司的现金股利政策，第一，公司的现有盈利水平是公司是否可以发放现金股利的条件。因为一些国家包括我国相关的法规规定只有盈利的公司才能够分配现金股利；第二，公司未来的盈利能力在一定程度上决定了公司现金股利分配的水平。一般而言，公司的盈利能力越强，分配现金股利的可能性和分配水平越高。

（二）现金股利的支付能力

公司分配现金股利需要支付大量的现金，无论其盈利能力有多高，公司所拥有的货币资金存量最终决定了现金股利的支付水平。而公司的支付能力主要表现为公司通过经营活动产生现金的能力。从这个意义上说，公司要分配现金股利不仅要有获得利润的能力，而且还要具备产生现金的能力，两者共同决定着现金股利支付的现实规模。

（三）公司未来发展的机会

公司的现金股利分配政策也会受到公司未来发展机会的影响。根据融资顺序理论，经营活动产生的现金作为内源性融资融资成本最低，是公司优先考虑的一种资金来源，如果公司未来有发展机会，往往采用低现金股利分配政策，以便将更多的现金留存于公司中，投资于高盈利项目；如果公司未来发展机会较少，而现金又比较充裕，公司应该采用高现金股利分配政策，以将现金返还给股东，这样既可以使股东投资于公司以外的项目，获得更多的收益，也可以减少大股东控制的自由现金流量，防止大股东滥用资金,以增加所持股票的价值。

(四)公司规模

一般来说公司规模越大,实力越雄厚,其在资本市场融资能力越强,财务灵活性也就越大,其支付现金股利的能力也就越强。对于许多小公司而言,难以进入资本市场筹集资金,因此,它们的平均现金股利支付率通常比大公司低得多(Offer and Siegel,1987)。

(五)公司的债务

公司债务从两个方面影响现金股利支付水平:①在债务将要到期时,公司为了降低偿债风险也需要保留资金以偿还债务。公司必须为更多的债务支付更多的利息;②公司债务融资与债权人签订契约时,为了防止公司将风险转移给债权人,往往会在借款契约中加入限制公司现金股利发放额的保护性条款,比如,除非流动比率、利息保障倍数以及其他和安全性有关的财务比率高于某一最低水平,否则,不得发放现金股利。这些保护性条款会使公司发放现金股利受到限制。凯利(Kalay,1982,b)认为股东债权人之间存在冲突,二者需要最优合约减少冲突成本,因此资本结构的变动会影响公司的股利政策。

第二节　检验设计

一、样本的取得

本部分研究采用与第四章第三节第二部分相同的样本进行研究,并使用相同的软件 SPSS19.0 进行统计分析。

二、变量的设计与检验方法

本书以现金股利支付率是被解释变量,作为现金股利分配政策的替代变量;第一大股东持股比例、第 2—5 位大股东持股比例和 Z 指数为解释变量；其他变量为控制变量。各变量的描述见表5—1：

表5—1　变量描述表

变量	描述
现金股利支付率（payout）	被解释变量，也是现金股利政策的替代变量，其值为每股现金股利与每股收益的比例。每股现金股利为公司实际分配数，如果公司同时分配了股票股利，则每股现金股利应该是摊薄后的每股现金股利。如果公司按季度或半年发放现金股利，我们将把它换算为年度现金股利支付率
第一大股东持股股比例（Share1）	第一大股东持有普通股数量与公司普通股总股本的比例
第2—5大股东持股比例（Share2）	公司前第2—5股东持股数量与公司普通股总股本的比例
Z指数（Z）	第一大股东持股数量与公司前第2—5大股东持数量之和的比值。表示其他大股东对第一大股东的制衡程度
每股经营活动净现金流量（cash）	现金流量表中的经营活动净现金流量除以公司普通股总股本。它代表公司的现金股利支付能力
每股收益（eps）	利润表中的净利润除以公司普通股总股本。它代表公司的盈利能力
资产负债率（leverage）	是表示公司债务状况的替代变量，其值为公司资产负债表中的负债总额除以资产总额
主营业务收入增长率（sale）	（本年主营业务收入-上年主营业务收入）/上年主营业务收入。其数值来自于公司年度利润表。该指标用来表示公司未来发展机会①

① 衡量“未来发展机会”的指标分歧较多，有销售增长率、托宾Q以及Jaggi and Gul（1999）设计的投资机会集指标等，最常用的是托宾Q。但是，由于我国特殊的股权结构，在计算托宾Q值时，除了流通股之外，其他的资产都按账面价值代替市值，会使得托宾Q值不具科学性，其值大多都大于1。所以，本文选择了主营业务增长率作为衡量公司“未来发展机会”的替代变量。

续表

变量	描述
公司规模(lnasset)	表示公司规模的指标,其值为资产负债表中资产账面价值总额的自然对数

本部分主要采用了独立样本T检验和多元回归分析两种方法研究股权结构对公司现金股利政策的影响。根据前文的分析和其他学者已经研究的结果,确定股权结构及其他可能影响公司现金股利政策的主要因素,构建了一个多元回归模型,多元回归模型如下:$payout = \alpha_0 + \alpha_1 share1 + \alpha_2 share2 + \alpha_3 z + \alpha_4 cash + \alpha_5 leverage + \alpha_6 eps + \alpha_7 sale + \alpha_8 \ln asset + \varepsilon$ 。

第三节　检验结果分析

一、变量的描述性统计及相关性分析

(一)描述性统计

公司股权集中度决定了公司的代理问题,是本书的基本现实背景。现金股利分配政策反映了大股东与小股东之间利益分配的基本状态,是本研究的主要问题。我们做了一个描述性统计,以便了解本研究所面临的基本情况。描述性统计见表5—2。

1.股权集中度的描述性统计

第一大股东的持股比例平均值为46.90%,中位数为47.01%,最大值达到了85%,说明我国股权高度集中,大多数公司第一大股东的持股比例超过了平均值;前第2—5位股东持股比例的均值为13.76%,中位数为9.55%,最大值为55.19%,最小值只有

0.06%，一半以上的公司前第2—5位股东持股比例小于10%，70%以上的公司前第2—5股东持股比例在25%以下，可见其他股东持股比例与第一大股东持股比例相差悬殊。从Z指数描述性统计可以看出，第一大股东持股比例是公司前第2—5股东持股比例的22.21倍，最大值高达1248.17倍，80%以上的公司Z指数大于1。这些数据说明：①我国股权结构高度集中在第一大股东手中，除了第一大股东之外，股权高度分散；这与Berle和Means所谓的"所有权与经营权高度分离"的背景——股权高度分散有着明显的不同。②从其他大股东（前第2—5位大股东）的持股比例来看，其他大股东持股比例总体偏低，很难以投票表决的方式对抗第一大股东。所以，我国上市公司存在着大股东控制，公司的代理问题主要是大股东与小股东之间的代理问题，公司中的利益冲突主要是大股东与小股东的利益冲突，这构成了本书的基本现实背景。

2.现金股利支付率的描述性统计

通过表5—2我们也可以看到，从1998年至2009年，我国上市公司的现金股利支付率均值为0.3742，中位数为0.3666，均值比中位数要高。均值所处的位置超过了0.5分位，几乎接近于0.6分位，说明支付现金股利的公司中50%以上的公司现金股利支付率低于均值，40%以上的公司现金股利支付率高于均值，表明整个现金股利支付率跨度较大。现金股利支付率最大值是0.9520，最小值为0.0126，标准差为0.1439，表明公司现金股利政策支付率较高，公司之间的股利支付率相差悬殊。

表 5—2 回归变量描述性统计表

		现金股利支付率(payout)	第一大股东持股比例(share1)	第2—5大股东持股比例(share2)	Z 指数(Z)	每股经营活动净现金流量(cash)	资产负债率(leverage)	每股收益率(eps)	主营业务收入增长率(sale)	公司规模(lnasset)
N	Valid	2040	2040	2040	2040	2040	2040	2040	2040	2040
	Missing	0	0	0	0	0	0	0	0	0
Mean		0. 3742	46. 9009	13. 7633	22. 1946	0. 3496	0. 4180	0. 2708	0. 6651	21. 2211
Median		0. 3666	47. 0100	9. 5500	4. 5523	0. 2990	0. 4029	0. 2286	0. 1759	21. 0890
Std.Deviation		0. 1439	16. 6572	12. 2409	58. 7217	0. 6710	0. 2601	0. 2082	11. 8241	0. 9525
Minimum		0. 0126	3. 73	0. 06	0. 3432	-8. 1827	0. 0273	0. 0030	-0. 8524	17. 8847
Maximum		0. 9520	85. 00	55. 19	1248. 1667	6. 5444	7. 1518	2. 4059	400. 6771	26. 8547
Percentiles	10	0. 1506	21. 6380	0. 6240	0. 6582	-0. 4448	0. 1540	3. 3604 E-02	-0. 2545	19. 9135
	20	0. 1992	25. 2660	1. 2600	0. 8597	-0. 1843	0. 1992	6. 9469 E-02	-0. 1211	20. 1499
	25	0. 2583	29. 7000	2. 3700	1. 2049	3. 9258 E-02	0. 2593	. 1194	-1. 9657 E-02	20. 4638

续表

		现金股利支付率(payout)	第一大股东持股比例(share1)	第2—5大股东持股比例(share2)	Z指数(Z)	每股经营活动净现金流量(cash)	资产负债率(leverage)	每股收益率(eps)	主营业务收入增长率(sale)	公司规模(lnasset)
	30	0.2996	35.1700	4.0620	1.7780	0.1265	0.3141	0.1589	5.9947E-02	20.6743
	40	0.3662	41.7000	6.2780	2.6253	0.2114	0.3606	0.1936	0.1144	20.8806
	50	0.3766	47.0100	9.5500	4.5523	0.2990	0.4029	0.2286	0.1759	21.0890
	60	0.3921	53.2100	14.2180	8.0846	0.3883	0.4474	0.2691	0.2470	21.3131
	70	0.4238	58.3400	20.4460	13.8650	0.5085	0.5039	0.3202	0.3444	21.5975
	80	0.4733	63.0800	26.3300	25.0822	0.6694	0.5573	0.3904	0.4639	21.9391
	90	0.5415	69.5100	31.7600	50.7109	0.9349	0.6334	0.5014	0.6989	22.4874

（二）相关性分析

通过相关性分析，我们可以了解所设计变量之间的相关关系，以便确定纳入多元回归分析变量的合理性。变量之间的相关性见表5—3。

表5—3　变量之间的相关关系表

	payout	share1	share2	Z	cash	Leverage	eps	sale	Lnasset
payout	1.000								
	.								
share1	0.164	1.000							
	0.000	.							
share2	-0.050	-0.628	1.000						
	0.066	0.000	.						
Z	0.144	0.405	-0.360	1.000					
	0.000	0.000	0.000	.					
cash	-0.001	0.050	-0.022	-0.015	1.000				
	0.959	0.065	0.409	0.588	.				
Levera-ge	-0.073	-0.131	0.021	-0.028	-0.009	1.000			
	0.007	0.000	0.433	0.296	0.736	.			
eps	-0.062	0.084	-0.005	-0.023	0.372	-0.084	1.000		
	0.022	0.002	0.866	0.399	0.000	0.002	.		
sale	-0.032	-0.043	0.020	-0.014	-0.003	0.022	0.035	1.000	
	0.280	0.141	0.498	0.623	0.929	0.458	0.231	.	
lnasset	0.059	0.199	-0.054	0.062	0.201	0.037	0.226	0.007	1.000
	0.029	0.000	0.046	0.022	0.000	0.172	0.000	0.803	.
N	2040	2040	2040	2040	2040	2040	2040	2040	2040

从表5—3的结果来看，在准备纳入回归分析的变量中，第一大股东的持股比例、第2—5位大股东持股、Z指数、资产负债率和每股收益等变量对现金股利支付率的影响至少在10%的水平上是显著的，构成影响现金股利分配政策的主要变量。第一大股东持股比例与现金股利支付率显著正相关。这一结果与国外的研究结论相悖①；Z指数是用来衡量第一大股东受到其他大股东制衡情况变量，Z指数的值越大，表明其他大股东对第一大股东的制衡力度就越弱。该值与现金股利支付率呈显著的正相关，意味着其他大股东对第一大股东的制衡能力越弱，公司越可能支付较高的现金股利分配政策。这也与国外现金股利理论相悖②。现金股利支付率与资产负债率显著负相关，说明了公司债务对公司支付现金股利的"刚性"约束。现金股利支付率与每股经营活动净现金流量和主营业务收入增长率并不显著负相关，这表明公司的现金股利政策主要不是根据公司的经营现金流量以及公司的未来发展机会制定的，这也与现金股利支付率与经营活动现金流量和主营业务增长之间关系的经典结论相悖③。

二、曲线拟合与区域多元回归

（一）多重共线性的诊断

在多元回归模型中，各变量之间可能存在着多重共线性，多重

① 根据国外现金股利代理理论，在股权集中的公司中，第一大股东持股比例与现金股利支付率负相关。

② 根据国外现金股利代理理论，其他大股东对第一大股东具有监督（制衡）作用，且其制衡能力越弱，控股股东支付的现金股利股利越低。

③ 经典结论公司的现金股利支付率是根据公司的盈利能力、产生现金流量能力和公司增长前景作出的。

共线性的存在会降低我们判断解释变量对被解释变量影响程度的精确性，增加估计结果的波动性，进而严重影响估计变量的经济意义，为此，在回归之前，首先对这些变量多重共线性问题做一个诊断。多重共线性诊断的结果如下表5—4：

表5—4 多重共线性诊断表

Model	Eigenvalue	Conditi-onindex	Variance proportions							
			Share1	Share2	z	cash	Lever-age	eps	sale	Ln-asset
1	5.355	1.000	0.00	0.01	0.00	0.01	0.01	0.01	0.00	0.00
2	1.025	2.286	0.00	0.03	0.32	0.00	0.00	0.00	0.38	0.00
3	0.978	2.340	0.00	0.02	0.22	0.01	0.00	0.00	0.61	0.00
4	0.762	2.651	0.00	0.03	0.00	0.63	0.02	0.02	0.00	0.00
5	0.351	3.906	0.02	0.43	0.37	0.07	0.03	0.04	0.00	0.00
6	0.295	4.263	0.00	0.02	0.00	0.21	0.44	0.40	0.00	0.00
7	0.198	5.195	0.07	0.00	0.07	0.06	0.39	0.50	0.00	0.00
8	3.466E-02	12.430	0.89	0.47	0.02	0.00	0.10	0.00	0.00	0.01
9	8.922E-02	77.473	0.01	0.00	0.00	0.01	0.00	0.03	0.00	0.99

注：a.Dependent Variable：现金股利支付率，是线性回归里面的因变量即被解释变量。

从表5—4中可以看出，各变量的条件指数小于15，特征值也都远离0值，所以，我们认为变量之间没有多重共线性问题，可以将他们纳入同一个多元回归模型中进行回归分析。

（二）现金股利支付率与第一大股东持股比例的拟合

第一大股东持股比例是影响现金股利支付率的一个主要解释变量，它们之间是一种什么样的关系，需要进一步深入研究。首先通过散点图（图5—2）从感性上观察两者之间的关系。

从散点分布图上，发现第一大股东持股比例与现金股利支付

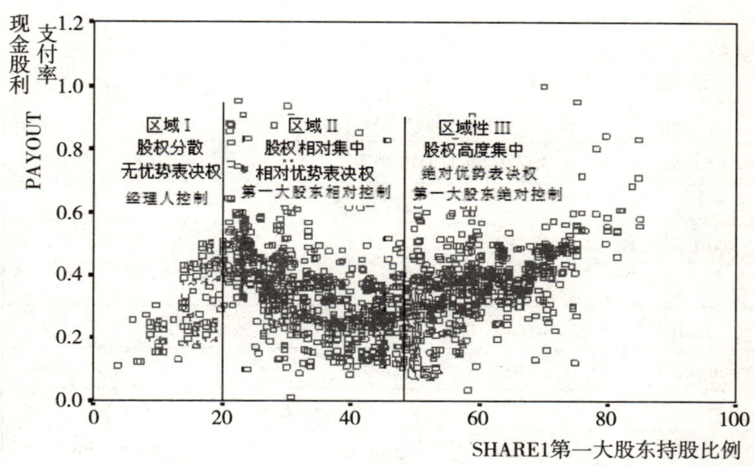

图 5—2　现金股利支付率与第一大股东支付率之间关系的散点分布图

率之间并不呈线性关系，大体上呈现“N”形关系，这种关系需要进一步拟合检验，拟合结果见表 5—5。

表 5—5　第一大股东持股比例与现金股利支付率拟合表

一次拟合			
Multiple R	0.16390		
R^2	0.02686		
Adj.R^2	0.02615		
Standard Error	0.14202		
Analysis of Variance			
	DF	Sum of Square	Mean Square
Regression	1	0.757693	0.75769296
Residuals	1361	27.449158	0.02016837
F	F = 37.56837　Signif F = 0.0000		

续表

Variables in the Equation					
Variable	B	SE B	Beta	T	Sig T
Share1	0. 01416	0. 000231	0. 163896	6. 129	0. 0000
(Constant)	0. 307762	0. 011497		26. 768	0. 0000
二次拟合					
Multiple R	0. 37219				
R^2	0. 13853				
Adj.R^2	0. 13726				
Standard Error	0. 13367				
Analysis of Variance					
	DF	Sum of Square	Mean Square		
Regression	2	3. 907407	1. 9537036		
Analysis of Variance					
Residuals	1360	24. 299444	0. 0178672		
F	F = 109. 34559 Signif F = 0. 0000				
Variables in the Equation					
Variable	B	SE B	Beta	T	Sig T
Share1	−0. 014391	0. 001210	−1. 665762	−11. 891	0. 0000
Share1^2	0. 000169	1. 2721E−05	1. 859923	13. 227	0. 0000
(Constant)	0. 630784	0. 026627		23. 689	0. 0000
三次拟合					
Multiple R	0. 39696				
R^2	. 15758				
Adj.R^2	. 15572				
Standard Error	0. 13223				
Analysis of Variance					
	DF	Sum of Square	Mean Square		

续表

Regression	3	4.444828		1.4816093	
Residuals	1359	23.762023		0.0174849	
F	F=3.872　Signif F=.009				
Variables in the Equation					
Variable	B	SE B	Beta	T	Sig T
Share1	0.005	0.011	0.211	0.410	0.682
Share1²	-0.001	0.002	-0.532	-0.485	0.628
Share1³	1.265E-06	1.835E-06	0.422	0.689	0.491
(Constant)	0.442	0.156		2.827	0.005

从拟合结果的判定系数 R^2 来看，三次拟合优度 R^2 大于一次和二次拟合优度，所以，三次拟合优于一次和二次拟合。

三次拟合的方程为：

$Payout = 1.26520090E - 06share1^3 - 0.000126share1^2 + 0.004708share1 + 0.441617$　曲线的一阶导数为：

$Payout' = 3.7956027E - 06share1^2 - 0.000252share1 + 0.004708$

解该方程得：

$share1 < 20.45$ 或 $share1 > 49.50, Payout' > 0$；

$20.45 < share1 < 49.50, Payout' < 0$

当 $Share1 \in (0,20.45) \cup (49.50, +\infty)$ 时，公司现金股利支付率随着第一大股东持股比例的提高而增加；当 $Share1 \in (20.45,49.50)$ 时，公司的现金股利支付率随着第一大股东的持股比的提高而降低。这一结果不仅支持了假设 H1，而且也使我们形象地看到，在不同的持股比例区域，第一大股东对公司的控制权不同，表现出对不同现金股利政策的偏好。

下面分别第一大股东不同控制权区域，通过多元回归分析股权结构对现金股利分配政策的影响。

（三）第一大股东不同持股比例区域的多元回归分析

1.第一大股东持股比例对现金股利政策影响分析

按第一大股东持股比例与现金股利支付率的拟合结果所表现出来的两者之间的关系特征，把第一大股东的控制权按其持股比例划分为：小于20%、20%—50%和大于50%三个区域，并分别不同区域进行回归分析。回归结果汇总如下表5—6：

表5—6 第一大股东持股比例不同区域回归结果汇总表（所有样本）

解释变量	小于20%（区域Ⅰ）			20%—50%（区域Ⅱ）			大于50%（区域Ⅲ）		
	coeff	t	sig	coeff	t	sig	coeff	t	sig
(constant)	0.202	0.498	0.620	0.604	4.311	0.000	-0.215	-1.966	0.050
Share1	2.310E-02	7.254	0.000	-6.600E-03	-8.078	0.000	7.859E-03	10.740	0.000
Share2	4.204E-04	0.311	0.076	1.959E-04	0.358	0.720	-1.202E-03	-1.476	0.140
Z	-1.217E-03	-0.375	0.708	1.964E-04	0.267	0.789	-2.260E-05	-0.356	0.722
Cash	-1.376E-03	-0.077	0.939	2.187E-02	2.151	0.032	8.314E-03	0.995	0.320
leverage	-3.078E-02	-1.510	0.134	-6.635E-02	-2.052	0.041	-9.441E-02	-2.918	0.004
eps	-6.834E-02	-0.799	0.426	-0.101	-3.065	0.002	-0.132	-5.086	0.000
sale	2.004E-02	1.075	0.285	-3.319E-04	-1.097	0.273	-4.470E-03	-0.422	0.673
lnasset	-8.974E-03	-0.493	0.623	1.588E-04	0.023	0.982	9.228E-03	1.661	0.097
观察样本数	194			917			929		
Adj.R^2	0.339			0.141			0.238		

注：表中的被解释变量是现金股利支付率（Payout）。

通过表5—6可以发现：①在区域I，现金股利支付率与Share1正相关且在1%的水平上显著，表明当第一大股东持股比例小于20%时，公司的所有权与经营权分离，其主要代理问题是经理人与全体股东之间的利益冲突，第一大股东的持股比例越高，越有能力和激励发挥监督作用，迫使经理人以分配现金股利的方式将公司的现金"吐出"，以缓解经理人对全体股东利益的损害。这一结果与Jensen（1986）的现金股利自由现金流量假说相符，支持了本章的假设H1（a）；②当第一大股东持股比例位于20%—50%的区域II时，第一大股东持股比例与现金股利支付率负相关，且在1%的水平上显著。这说明，在这一区域，第一大股东持有的股份比例越高，公司就越有可能实施低现金股利分配政策。在该区域，第一大股东基本上能够控制经理人，对公司的重大经营政策和财务政策产生重大影响，公司的政策更多地反映了第一大股东的利益。由于在该区域，第一大股东持股比例并不算高，通过高现金股利分配政策获得与其他股东一起共享收益——现金股利——的成本相对较高，第一大股东会热衷于追求不与小股东分享的私人收益，可能会支持并倾向于较低的现金股利政策，以便保留较多的现金以用于获得更多的私人收益，使其利益最大化。公司经理人也会愿意保留更多的现金在公司中，这样，第一大股东与经理人很容易达成一致性契约。该结果支持本章的假设H1（b）；③当第一大股东持股比例大于50%位于区域III时，第一大股东持股比例与现金股利支付率正相关，且在1%的水平上显著。这表明，制定高现金股利分配政策可能是第一大股东较优的选择。该结果支持本章的假设H1（c）。总之①—③现金股利支付率与第一大股东持股比例之间的相关关系为：正—负—正，呈现出"N"形，总体结论支持本章的假设H1。该结论与Rafel La Porta，Lopez de Silanes，and Andrei

Shleifer and Robert W.Vishy(2002)提出的“控股股东拥有的现金流权越大,越有激励支付较高的现金股利,并呈现出单调递增趋势”的结论不同;④现金股利支付率与公司的资产负债率在三个不同的区域内自始至终显著负相关,体现了债务杠杆“刚性”约束的一贯性。⑤最后,在第一大股东持股比例不同的三个区域内,也一贯地出现了一个与相关性分析中相同的值得注意的问题:现金股利支付率与每股收益显著负相关,与每股经营活动现金流量和主营业务增长率不显著相关。

为了检验本章提出的假设 H2,本研究对股权相对集中和股权高度集中的两组样本公司的现金股利支付率做了一个均值比较和差异 T 检验,结果见下表 5—7:

表 5—7　股权相对集中与高度集中公司的现金股利支付率均值比较与差异 T 检验结果

组别	N	Mean	Grouped Median	Std. Deviation	Std.Error of Mean	Minimum	Maximum
股权相对集中	917	0. 3221	0. 3149	0. 1351	5. 40E-03	0. 0126	0. 9375
股权高度集中	929	0. 4097	0. 3975	0. 1282	5. 13E-03	0. 0346	0. 9520
T 检验值	t=-11. 667,P=0. 0000						

从表中的检验结果可以看出,股权相对集中与股权高度集中的两组样本公司的现金股利支付率存在着显著差异,且股权相对集中公司的现金股利支付率的均值小于股权高度集中的公司,说明在股权高度集中的公司更有可能制定高现金股利分配政策,该结论支持本章的假设 H2。

2.其他大股东的持股比例对现金股利分配政策的影响

从股权集中度来看(表 5—6),在第一大股东持股比例小于 20%的区域 I 中,公司前第 2—5 股东的持股比例与现金股利支付率在 10%的水平上显著正相关,与第一大股东持股比例对现金股利的影响方向相同,支持本章的假设 H4(a)。这表明在该区域,公司前第 2—5 股东与第一大股东的利益有较强的一致性,他们一起对管理者具有监督作用。而且,第一大股东和其他大股东持股比例越高,越有激励和能力影响、控制和监督经营者的决策,第一大股东与其他大股东持股比例相差越少,他们越有可能也越容易联合起来这样做。在第一大股东持股比例在 20%—50%的区域 II,其他大股东持股比例与现金股利支付率正相关,但不显著且其相关系数几乎为零,与第一大股东持股比例对现金股利分配政策影响的方向相反。这一结论并不完全支持假设 H3(a)。在第一大股东持股比例大于 50%的区域 III,其他大股东持股比例与现金股利支付率不显著负相关,与第一大股东持股比例对现金股利政策的影响方向相反,这一结论也不完全支持假设 H3(b)。这说明在区域 II 和区域 III,其他大股东与第一大股东在制定现金股利分配政策上产生了利益分歧,这种利益分配可能会导致其他大股东对第一大股东行为的监督作用,但是,监督作用并不明显。其原因可能是:①其他大股东与第一大股东持股比例的悬殊,导致监督作用的减弱。这一原因可以通过描述性统计结果中的 Z 指数做出判断。在描述性统计结果中,Z 指数的均值为 22. 21,而 Z 指数小于 1 的占 10%,有 80%以上公司的第一大股东的持股比例高出公司前第 2—5 位大股东持股比例 20%。如果按 51%表决权的标准衡量控制权,这种控制权进而影响现金股利分配政策的话,那么,绝大多数样本中公司前第 2—5 位大股东联合起来没有能力对抗第一大股东决定公司的现金股利分配政策。②在其他大股东里，既有非流通股股东，又有流通股股东，而根据前面的分析，非流通股股东与流通股股东的利益具有不一致性，这种利益的不一致性表现为其他大股东与第一大股东对现金股利分配政策的相反方向的影响。为了检验这一点，我们将样本按照其他大股东所持股份的流动性，分为流通股股东和非流通股股东两大类，并考虑股权集中度，做了如表 5—8 中的分组。对每个样本组分别进行回归，回归结果见表 5—8。

表 5—8　其他大股东对现金股利分配政策影响的回归结果

样本组	回归值	Share1	Share2	Z 指数	Cash	Leverage	Eps	Sale	lnasset
流通股组(1)	coeff	0. 00156	−0. 00125	−0. 098	0. 312	−0. 0287	−0. 176	−0. 056	0. 071
	t 值	2. 678	−3. 001	−1. 542	4. 769	−0. 983	−3. 651	−0. 989	2. 065
	P 值	0. 022	0. 112	0. 023	0. 298	0. 001	0. 002	0. 129	0. 435
非流通股组(2)	coeff	0. 200	0. 154	0. 137	0. 226	−0. 109	−0. 248	−0. 007	0. 098
	t 值	3. 769	2. 998	3. 577	5. 676	−1. 098	−4. 721	−1. 436	2. 012
	P 值	0. 001	0. 002	0. 015	0. 192	0. 002	0. 000	0. 210	0. 291
流通股组与非流通股组的 T 检验：t = 2. 5922，P = 0. 0018									
流通股组子样本组									
相对集中—流通股组(3)	coeff	−0. 00262	0. 00165	−0. 051	0. 325	0. 064	−0. 150	−0. 067	0. 061
	t 值	−0. 565	0. 378	−1. 711	1. 980	0. 884	−1. 566	−0. 691	0. 982
	P 值	0. 057	0. 162	0. 459	0. 382	0. 793	0. 203	0. 597	0. 645
高度集中—流通股组(4)	coeff	0. 00362	−0. 00173	−0. 200	0. 274	−0. 190	−0. 211	−0. 140	0. 127
	t 值	1. 062	1. 015	−1. 501	2. 154	−0. 713	−2. 689	−2. 203	1. 786
	P 值	0. 003	0. 139	0. 356	0. 227	0. 007	0. 010	0. 213	0. 086

续表

样本组	回归值	Share1	Share2	Z 指数	Cash	Leverage	Eps	Sale	lnasset
非流通股组子样本组									
相对集中—非流通股组(5)	coeff	0.0062	0.0005	-0.017	0.119	-0.137	-0.299	-0.087	-0.032
	t 值	1.059	1.501	-0.519	2.778	-1.820	-3.286	-1.213	-1.257
	P 值	0.290	0.010	0.222	0.582	0.013	0.000	0..583	0.689
高度集中—非流通股组(6)	coeff	0.00333	0.00182	0.098	0.113	-0.135	-0.319	0.070	0.032
	t 值	2.314	1.282	1.133	2.325	-2.568	-4.373	1.076	0.652
	P 值	0.0021	0.019	0.231	0.454	0.000	0.000	0.550	0.613

注:我国上市公司的股权结构主要特征是股权集中以及大股东控制,所以,这一部分主要考虑了股权集中的样本。

在区域回归分析中(见表5—6),无论股权是相对集中还是高度集中,其他大股东(流通股股东与非流通股股东的混合样本)对现金股利支付率的影响都不显著。当把其他大股东区分为流通股股东和非流通股股东(表5—8中的样本组(1)和(2))时,样本组(1)中其他大股东的持股比例对现金股利分配政策的影响与第一大股东持股比例对现金股利分配政策的影响方向相反,但是,并不显著;样本组(2)中其他大股东的持股比例对现金股利分配政策的影响与第一大股东持股比例对现金股利分配政策的影响方向相同,且在1%的水平上显著,结果支持了假设H3(c)和H4(b)。通过对组(1)和(2)的T检验,两组之间的现金股利支付率存在着显著差异,但是,其他大股东对现金股利分配政策的影响并不显著。这些表明,当其他大股东与第一大股东市场身份存在差异时,其他大股东对第一大股东可能存在监督作用,但是,这种监督作用并不显著;当其他大股东与第一大股东都为非流通股股东时,其他大股东可能与第一大股东“合谋”,而且这种“合谋”是显著的。

把流通股组[样本组(1)]和非流通股组[样本组(2)]按照股权集中度进一步划分为子样本组[表5—8中的样本组(3)、(4)、(5)和(6)]时,得出的结论与分析样本组(1)和(2)的结论相同。

总之,在我国上市公司中,其他大股东的监督作用并不显著,而与第一大股东“合谋”影响公司的现金股利分配政策在统计上则是显著的。

三、问题的进一步讨论:第一大股东对小股东利益分配的非线性回归

在相关性分析、曲线拟合和区域回归的结果中出现了一个值得注意的问题:现金股利分配政策主要不是根据公司的盈利状况和未来发展机会制定的,而与第一大股东持股比例呈现出高度相关性,这种相关性总体上呈现出非线性的特征。从区域回归结果可得,在股权相对集中与高度集中(不包括股权分散的样本公司,因为本章研究的主要研究问题是大股东与小股东之间的利益分配问题。)的样本公司中,第一大股东的持股比例与现金股利支付率呈“U”型关系。为了确定在股权集中时第一大股东持股比例对现金股利支付率的非线性影响,本书进行了非线性回归,回归结果如下表5—9。

表5—9 股权集中时,第一大股东持股比例对现金股利支付率的非线性回归表

Eq	(1)		(2)		(3)	
	Coeef	t	Coeef	t	Coeef	t
Share1	2.780E-03	9.993***	2.969E-03	7.990***	-2.203E-02	-12.691***

续表

Eq	(1)		(2)		(3)	
Share2			9.651E-04	2.174**		
Z			1.600E-04	2.355**		
Share1SQ					2.451E-04	14.449***
Cash	1.731E-02	2.432**	1.750E-02	2.466**	1.482E-02	2.277**
Leverage	-7.532E-02	-3.030***	-7.166E-02	-2.880***	-9.316E-02	-4.096***
Eps	-.0109	-4.936***	-0.107	-4.828***	-0.116	-5.749***
Sale	-7.834E-05	-0.244	-7.775E-05	-0.243	-3.080E-04	-1.047
Lnasset	7.933E-03	1.730*	6.805E-03	1.468	3.966E-03	0.944
Obs	1228		1228		1228	
Adj.R^2	0.120		0.126		0.265	

注：*，**，*** 分别表示10%、5%、1%的显著水平。

从方程(1)来看，第一大股东的持股比例与现金股利支付率在1%的水平上显著正相关；方程(2)加入了其他大股东的作用变量Share2，其他大股东的持股比例与现金股利支付率正相关，与第一大股东的影响相同，从总体上来看，在制定现金股利分配政策上，其他大股东更可能与第一大股东的“合谋”。

为了检验第一大股东持股比例(Share1)对现金股利政策的非线性影响，在方程(3)加入了变量Share1的平方(Share1SQ)，方程(3)的回归结果表明，在股权相对集中和高度集中的区域内，第一大股东持股比例与现金股利支付率之间呈现一个“U”形关系。也可以看到，当回归方程依次加入变量Share2和Share1SQ后，回归方程的判定系数Adj.R2在不断提高，这也说明“U”形曲线是第一大股东与现金股利支付率较好的拟合。这种较好的拟合进一步说明了前面理论分析的适当性。

第四节 本章小结

本章主要研究了我国上市公司的股权结构对现金股利分配政策的影响。通过理论分析和实证检验结果表明:①第一大股东作为公司的控股股东,在不同的持股比例区域对现金股利分配政策表现出不同的偏好,总体上,第一大股东持股比例与现金股利支付率之间呈"N"形关系,在股权集中(包括股权相对集中和股权高度集中)的区域呈"U" 形关系。当股权相对集中时,第一大股东(控股股东)倾向于低现金股利分配政策,以便为获得更多的私人收益保留现金于公司,避免与小股东分享共同收益。当股权高度集中时,第一大股东(控股股东)倾向于高现金股利分配政策,以正常的途径获取收益。②其他大股东对现金股利政策的影响取决于其与第一大股东利益的一致性。当其他大股东与第一大股的利益一致时,两者可能"合谋"共同影响公司的现金股利分配政策;当其他大股东与第一大股东存在利益冲突时,其他大股东与第一大股东对现金股利分配政策的影响方向相反。其他大股东会监督第一大股东的行为,从而抑制第一大股东制定侵害小股东利益的现金股利分配政策。但是,从实证结果来看,在我国,其他大股东与第一大股东更可能是"合谋",且在统计上是显著的,其他大股东的监督作用并不显著。其原因在于其他大股东与第一大股东的利益一致性大于其利益分歧。

在研究中出现了几个与经典现金股利理论相悖的结论:第一,第一大股东持股比例与现金股利支付率呈"N"形关系,在股权集中的公司中呈现了"U"形关系,这与国外呈倒"U"形关系①或单调

① Klaus Gugler, B. Burcin Yurtoglu, "Corporate governance and dividend pay-out policy in Germany", *European Economic Review*, 2003, vol. 47, pp. 731-758.

递增或递减的关系不同；第二，其他大股东对第一大股东的作用更多的是“合谋”而不是监督（制衡）；第三，现金股利支付率与每股收益、每股经营活动净现金流量负相关，与公司增长前景几乎不相关。这些恰恰反映了我国上市公司现金股利分配政策的特殊性，这些特殊性的原因在第四章中的研究中可以解释，也从侧面进一步支持了第四章的结论。同时，也告诉我们不能简单地用西方发达国家的现金股利理论来解释中国的现金股利分配中的现实。

第六章　法律保护对小股东利益分配的影响

大股东侵占小股东的利益引起了人们对小股东法律保护的关注。

国外学者主要通过横向比较不同法系国家对小股东法律的保护，研究小股东法律保护对公司现金股利分配政策的影响。对一个国家来说，小股东权益的法律保护是一个不断完善和强化的渐进过程，这个过程必然会影响公司的行为，包括公司的现金股利分配政策的制定。本章主要研究我国小股东法律保护的进程和公司交叉上市对现金股利政策的影响。

第一节　小股东法律保护缘起和意义

小股东法律保护源于公司中代理人损害委托人权益的事实。在股权分散的公司里，经理人可能会侵害全体股东的利益，这时，法律保护的重点是保护全体股东的权益，以维持正常的经济秩序。在股权集中的公司里，公司的主要代理问题是大股东侵害小股东的利益，法律要保护小股东合法权益不受侵害。所以，一个国家的法律体系不仅要保护全体股东的权益，还要对小股东权益进行专门保护。

我国上市公司的股权高度集中，大股东侵占小股东的利益普遍存在,“琼民源事件”“银广厦”和“东方电子”等事件,引发了人们对股东权益的保护,尤其是小股东权益保护的强烈愿望和要求。

一些学者对小股东法律保护的经济后果进行了大量的实证研究,结果表明:

①对小股东的法律保护越好,股票市场越有价值;

②对小股东的法律保护越好,上市公司的数量越多;

③对小股东的法律保护越好,上市公司的销售规模和资产规模越大;

④对小股东的法律保护越好,上市公司相对于资产的溢价越大;

⑤对小股东的法律保护越好,上市公司分红越多;

⑥对小股东的法律保护越好,越有较低的股权集中度和控制度。

总之,大股东侵害小股东的利益不仅损害了小股东利益,而且危害到了宏观经济的健康发展,所以,加强小股东的法律保护有以下意义:

第一,小股东的法律保护有利于降低代理成本,提高公司价值。良好的投资者法律保护可以提高公司内部人掠夺外部投资者的成本,减少代理成本,提高公司履行社会责任的良好形象,保证公司经营和发展的质量与效率,增强投资者信心,提高公司价值和外部融资能力。

第二,小股东法律保护有利于金融体系的发展。股东法律保护是金融发展生态的重要构成部分,良好的股东法律保护环境是金融体系稳定和健全的基础,法律对股东利益保护的越好,金融体系就越发达,抗风险能力就越大。一个有规模和健康完善的金融体系有助于公司的发展,能为国民经济健康持续地发展提供有力的支持。如同LLSV(1997,1998,2000)指出的那样,一个好的法律环境可以有效地保护潜在的投资者,使他们愿意为证券市场提供资金,因此有助于股票市场规模的扩大①。

第三,小股东法律保护有利于实体经济的增长。股东法律保护能够促使公司建立健全内部管理机制,巩固金融体系基础,提高资源配置和使用效率,推动实体经济增长。

目前,我国处在由计划经济向社会主义市场经济转型的过程中,各种制度和法律法规尚不健全,良好的法律环境正在形成,以致社会经济发展过程会出现社会弱势群体的利益得不到保障,甚至受到极大的损害。这种情况在公司中也会发生。在公司中,非控制权人是公司的外部人,属于弱势群体,其利益可能会受到损害,但是,这些弱势群体很难通过自己的力量避免利益受损,必须借助法律的保护。如果一个国家对小股东法律保护较差,小股东常常面临着遭受利益侵害的风险,那么,他们只愿意以较低的价格购买公司发行的股票,从而使公司失去向社会公众发行股票的吸引力,其资本市场的规模也较小。如果对小股东的利益损害过大,小股东失去参与市场的兴趣和意愿,那么可能会出现资本市场萎缩、丧失功能,甚至崩溃。我国资本市场的建立与发展主要来自于政府的推动,在资本市场上,国有企业改革的筹资对象主要是小股东(流通股股东),小股东是资本市场最广泛的参与主体,而他们在上市公司和资本市场中是最弱势的,利益最容易受到损害的群体。所以,在我国,以法律保护小股东的利益显得尤为重要。所以,对小股东权益的法律保护,不仅仅是关系到小股东自身的利

① 沈艺峰:《我国中小投资者法律保护历史实践的实证检验》,载《经济研究》2004年第9期,第9页。

益，也关系到我国资本市场和国民经济的健康发展。

第二节　不同法系的股东法律保护制度的比较：基于 LLSV 的指标体系

一、小股东法律保护制度

小股东法律保护核心是通过一系列正式的、非正式的规则，建立一套涉及关键"行为人"的激励与约束机制，使委托人与代理人利益尽可能一致，是避免小股东利益受损的一系列制度安排，具体包括微观和宏观两个层面。

（一）微观层面

微观层面主要是指在公司治理中保护小股东利益的制度安排，其目标是能够有效地监督和约束大股东侵害小股东利益，以降低代理成本的行为。具体包括：

1.小股东投票权和投票程序的设计，包括诸如累积投票权和对抗董事权（Anti-director rights）等一些对保护小股东在公司治理中免受侵害的特殊权力和程序。

2.对董事会和单个董事的职责、权力和责任的界定与配置。如董事会构成中设立"独立"董事，以及独立董事职责、权利、担任独立董事条件等的规定，关于董事会的构成以及审计、董事提名、董事及管理层的报酬、董事会成员构成的要求等。

3.公司禁止行为的界定与制止。这一类制度主要是对公司中发生的一些可能损害小股东或其他公司外部人利益的行为所做的界定、监督、控制和禁止性的规定。例如对公司内部人任何形式的自我交易的禁止，无论该自我交易是关联交易、"隧道输送"还是内幕交易。

4.制定公司收购、兼并等重大事项的规则。公司的收购和兼并等重大事项关系到公司未来的发展、生死存亡,涉及公司重大资产甚至整个公司的交易,在这个过程中,小股东的利益一旦受损将是毁灭性的,所以,关系到这些重大事项,必须赋予小股东一定的知情权、参与决策权等。例如,在这些行为发生时,股东大股会的招集制度、表决制度、通过赞成票的比例、小股东的累计投票制度等。这些制度都将有利于保护小股东。

5.通过派生诉讼和集体诉讼,使股东拥有对经营者和董事的法律求偿权。

(二)宏观层面

宏观层面主要是指对公司内控制权人(经营者或大股东)行为的外部法律约束,包括社会法律体系或行业自律,其目标是通过公司遵守法律实现对小股东利益的保护,从而实现公司利益的最大化。

1.社会法律体系

小股东的社会法律保护体系包括两个方面:一方面,是通过个体法律法规体现出来的有关保护小股东权益的法律内容条款。这些个体法律从整体上应构成一个完善的小股东权益法律保护体系。例如,首先建立公司法、证券法、破产法和收购兼并法等小股东保护的母法体系。在此基础上,制定关于公司股票与债券发行和交易的法律法规,包括关于证券发行人和市场中介机构的职责和责任的法律法规、明确小股东保护措施的法律法规(主要是事前保护和事中救济)和与小股东诉讼相配套的个人信用制度、收入账户公司和个人破产制度。另一方面,是一个国家的司法体系,主要是指其执法效率。执法效率主要包括司法体系的政治独立性和足够的司法权,保证执法不会导致过度延误法律的实施,并能够作出信息充分而又公正的判决。

2.行业自律体系

行业自律体系是指行业对公司行为的相关约束的集合。例如，证券交易所制定的允许公司证券挂牌交易必须达到的条件、上市公司的信息披露要求等，其中，信息披露尤为重要，许多国家市场的成功经验表明，证券发行者必须有大量强制性的财务信息披露。信息披露的及时性和准确性，对保护小股东权益最为关键。

除此之外，宏观层面的法律保护还包括政治层面、市场层面、证券中介机构层面和媒体层面等①。

总之，小股东法律保护制度，无论从微观层面还是宏观层面，主要着眼点在于最大限度地降低信息不对称程度和道德风险，实现激励相容，保证代理人利益与委托人的利益尽可能地一致，以保护小股东利益。

在研究中，保护小股东的法律主要是指宏观层面的法律体系。

二、不同渊源的法律对小股东保护的比较：基于 LLSV 的指标体系

一个国家的法律框架不同直接导致小股东保护水平的差异，衡量小股东法律保护水平的重要标准是法律赋予小股东的权利以及对这些权利的执行情况，这些都与该国家法律框架产生的法律渊源相关。

---

① 政治层面包括如清晰界定政府与公司的关系、政府在经济运行中所扮演的角色等；市场层面指约束和激励管理层的公司控制权市场、经营者者市场和产品市场等；证券中介机构层面主要是指投资基金和大机构投资者的分析师和会计师事务所和律师事务所的自律；媒体层面主要指媒体对公司可能的欺诈和侵害投资者行为独立地进行分析、报道和揭露。

(一)法律渊源的分类

一个国家的法律体系的形成是基于实践的漫长的过程,它会受到一个国家历史、文化、风俗、宗教等各方面的影响,所以,在世界范围内,没有任何两个国家的法律体系是相同的,但是,法学家们根据一个国家的历史和法律体系的发展、法律理论、等级制度、法学家的工作方式、法律体系中的法律观念特征和法律机构等,还是将世界不同国家的法律体系划分为民法系(Civil law)和普通法系(Common law)两大法律渊源。

民法系(Civil law)起源于罗马法,以条例、章程和综合法典作为法律执行的主要依据,并在很大程度上依赖于法律专家对条款的确定和阐述。该法系的主要代表是法国、德国和斯堪的纳维亚。我国大陆的大部分现代法律源于德国法典,归属于民法系。

普通法系(Common law)是英国判例法传统形成的直接结果或产物,具有“遵循先例”和“程序优先于权利”的两大特点,包括英格兰法律及那些用英语撰写的法律。其形成与英国判例法传统的形成同步而行。随着英国殖民主义的发展,普通法扩展到了美国、加拿大、澳大利亚和印度等许多其他国家和地区。该法系的主要代表是英国和美国,中国的香港继承了英国法律,属于普通法系。

(二)不同法律渊源的小股东保护的比较:基于 LLSV 指标体系

不同的法律渊源的法系对小股东的法律保护程度不同,为了研究它们之间的差异,LLSV(1997)制定了一套衡量小股东法律保护水平的指标体系,并通过对每项指标不同情况赋值的方式评价一个国家小股东法律保护的水平。该指标体系研究了它们的不同。这个指标体系包括小股东权利指数和执法质量指数。

小股东权利指数包括:(1)一股一票制。当一个国家的公司法或商法强制要求每股股票只有一个表决权时,为该指标赋值为1,否则为0;(2)邮寄投票权。当一个国家允许股东将其投票邮寄给公司行使其表决权时,赋予该指标的值为1,否则为0;(3)股票无阻碍出售权。当一个国家的法律对公司在召开股东大会时要求缴存股票作出禁止性规定时,该指标的取值为1,否则为0;(4)累计投票权或比例投票权。当法律允许股东在选举董事候选人时,采用累计投票权或小股东可以提名等比例的董事进入董事会的,该指标取值为1,否则为0;(5)反抗压小股东保护机制。当一国法律赋予小股东有权挑战董事会或股东大会决定的权利(例如衍生诉讼权)时,该指标取值为1,否则为0;(6)新股优先购买权。当一国法律赋予股东具有优先购买发行新股的权力,而这种权力又只能经股东投票加以限制时,该指标的取值为1,否则为0;(7)召开临时股东大会的权利。规定了提议召开临时股东大会的最低股份比例小于等于10%的,该指标赋值为1,否则为0;(8)对抗董事权力指数。用于衡量小股东对抗管理层和大股东程度的权利指标,是第(2)—(7)项权利指标的加总,数值介于0和6之间。

执法质量指标包括:(1)执法体系的效率。由国际商业公司(一家私人风险评估机构)对一个国家影响商业的法律环境、效率和整体性作出评估,评估数值越大说明该国的执法效率越高;(2)法律规则。根据"各国风险指南"对一国的法律和秩序传统作出评估,评估值越大表明该国的法律和秩序越好;(3)腐败状况。根据"各国风险指南"对各国政府中的腐败状况作出评估,评估值越低表明腐败程度越低;(4)会计标准评级。该指标用于考评某一国家公司年度报告是否包括或漏掉了公司的一般信息、收入陈述、资产平衡等类别。

LLSV将研究样本的49个国家,按照它们分别属于普通法系和法国法系、德国法系和斯堪的纳维亚法系，然后，计算出每个国家小股东法律保护指标的分值，对各组小股东法律保护指标的均值进行比较发现，在法律、法规对小股东保护的成效上，不同的法律渊源之间呈现出规律性的变化。普通法系国家给予小股东的保护最强，法国法系国家对小股东的保护最弱，德国法系国家和斯堪的纳维亚法系国家则介于两者之间，具体比较见表6—1。

表6—1 不同法系小股东保护程度比较表

变量	普通法国家	法国民法系	德国民法系	斯堪的纳维亚民法系	世界平均水平
A栏：对法律规则的测量值					
一股一票制	0.17	0.29	0.33	0.00	0.22
防董事权利指数	4.00	2.33	2.33	3.00	3.00
无阻碍股票出售权	1.00	0.57	0.17	1	0.17
累计投票制	0.28	0.29	0.50	0.00	0.27
受压小股东保护机制	0.94	0.29	0.50	0.00	0.53
邮寄投票权	0.39	0.05	0.00	0.25	0.18
召开临时股东大会的股东比例	0.94	0.52	0.00	0.00	0.78
优先认股权	0.44	0.62	0.33	0.75	0.53
B栏：对执法质量的测量值					
司法体系的效率	8.15	6.56	8.54	10.0	7.67
法律规则	6.46	6.05	8.68	10.0	6.85
腐败	7.06	5.84	8.03	10.0	6.90
会计标准评级	69.62	51.17	62.67	74.00	60.93

注：这些国家（地区）按照其商业法典的起源分为四类：英国法系以普通法（Common Law）为基础，其他三个法系都是从民法系（Civil Law）中发展起来的，但是，经过某些变化形成法国法系、德国法律系和斯堪的纳维亚法系。法系的起源在数百年前就决定了。

一般说来，如果一个国家的执法制度严格有效，那么，即使法律条款设计对小股东保护较弱，该国的法律体系也能够在一定程度上较好地保护小股东的利益。但是，LLSV 的回归结果并不支持这一结果。相反，对小股东法律保护条款完备的国家同样也是执法严格的国家，也就是说，普通法系的国家（如英国、美国等）法律保护条款的完备程度和执法质量都要高于民法系的国家（如德、日、法等国）。

对不同法系对小股东法律保护存在的差异，不同的学者从不同的角度进行了解释。

LLSV 从政治角度解释了源于不同的法律渊源的国家法律体系对小股东的法律保护水平存在的差异。他们认为影响法律体系的重要历史因素是政府在监管商业中的作用。英美民族有其特殊的“英美政治传统”。英国在人类历史上第一次成功地约束了王权。美国建立了人类历史上第一个“民国”，把“君权”换成“民权”。在英美民族独特的政治传统下，英美民族的普通法是在民与国家对立过程中发展起来的，受到政府的干预较少，其核心思想是保护私有产权不受君权的侵犯，因此，这样的法系更倾向于保护私人所有者的利益，法律实施的效率也较高。而在民法系法律形成的过程中，政府起了重要作用，法律主要目标是为了国家的发展服务，法官在判决时更倾向于维护政府和管理部门的利益，法庭依赖于政府，而不是与政府对立，因此，民法系对小股东的利益保护较少，法律实施的效率也较低。Coffee（1999）则从司法的角度阐释了这种差异，他认为小股东法律保护的关键是法律决策的灵活性和判决时所适用的诚信义务原则。如果这两方面做得好，小股东法律保护也会较好。普通法系和民法系在这两个方面存在差异，首先，在普通法系的国家或地区，法官对案例的判决具有相当的灵活性，即使公司的某些行为在法律条款中没有得到规范，法官也可以将其纳入司法程序，根据一般法律哲学原则和以往案例，对商业案件灵活地作出判决。其次，法官在处理股东与管理层、大股东与小股东之间的利益冲突时，法官可以根据诚信义务判断代理人是否向委托人履行了应尽的义务，进而判断他们之间的利益关系。而在民法系的国家中，法官的决策权没有灵活性，在他们的判决过程中，法律条款起决定性作用，法官不能逾越法律条款的规定作出自己的解释，对法律条款没有规范的公司行为，不能将其纳入司法程序进行判决。因此，相对具体而复杂的管理层侵害股东和大股东侵害小股东利益的行为而言，法律会存在许多“空白”，从而使“内部人”可以选择法律没有明文禁止的手段侵占外部投资者权益，而又得不到惩罚。

第三节　我国小股东法律保护的历史演进

我国大陆法律体系属于民法系，香港的法律体系属于普通法系，这一部分主要梳理我国大陆法律体系的历史演进。

综观我国对小股东法律保护的历史进程，大致可以分为以下三个阶段：

一、法律保护的建设阶段(1999年以前)

在1999年以前，我国处于小股东法律保护的建设阶段。在1994年以前，股东法律保护主要来自地方政府和部委制定的一些行政法规。1993年国务院发布的《股票发行与交易管理暂行条例》成为新中国第一部正式的全国性股票市场法规，该条例对上市公司信息披露、会计政策与审计制度以及股权的持有与转让等相关行为作了具体的规定，这些规定直接或间接地起到了保护股东利益的作用。随后大量的法律法规相继出台，如《公开发行股票公司信息披露实施细则》（1993）、《禁止证券欺诈行为暂行办法》（1993）、《上市公司送配股的暂行规定》（1993）、《会计法》（1994）、《年度报告的内容与格式》（1994）、《中期报告的内容与格式》（1994）等，由于是经济体制改革的初级阶段，这些法律法规在很大程度上体现了"摸着石头过河"的特点，具有浓厚的行政色彩、立法层次不高，相互之间没有严密的逻辑性和前后解释缺乏一致性，也没有专门针对小股东权益保护的法律规定，但是，从客观上讲，这些法律法规中关于市场行为的规范和信息披露的规定扩大了小股东的知情权，减少了信息不对称，抑制了损害小股东利益的行为，在保护小股东权益方面确实起到了一定的积极作用。

1994 年 7 月 1 日，我国实施的《公司法》是一个股东法律保护建设的里程碑，第一次以全国性立法的形式把保护股东权益的法律基础确定下来，明晰了股东法律保护的建设目标和方向，成为我国公司发行有价证券和公司上市的重要法律母法，从法律制定上显示出了清晰的逻辑和体系框架。"应该说，《公司法》是我国迄今为止最为完整、最为全面的小股东保护的法律，它的实施代表我国小股东法律保护开始进行了有法可依的阶段"。之后，相关部门又相继出台了其他一些相关法规，如《公司股份变动报告的内容与格式》（1994）、《年度报告的内容与格式》（1995）、《配股说明书的内容与格式》（1998）等一批从各个方面规范上市公司信息披露的制度。

二、法律保护的规范发展阶段（1999 年至 2004 年）

1999 年至 2004 年是我国小股东法律保护的规范发展阶段。

这一阶段以我国《证券法》的正式出台和第一次修正《公司法》为标志。《证券法》是“保护股东合法权益的另一部基本大法，将我国以往的小股东法律保护的经验和做法，以法律的形式予以肯定，既保持了我国小股东法律保护实践的连续性，并根据新情况和新的问题，充实和确立了新的小股东法律规范”①。它继续强化上市公司的信息披露和小股东的知情权，同时，开始注意到赋予小股东保护自己利益的专门法律权力。《证券法》的出台“标志着我国证券市场规范化的开始”②。与《证券法》相配合，1999 年 12 月修正了 1993 年开始实施的《公司法》。之后，《上市公司股东大会规范意见》《股票发行审核委员会条例》《信誉主承销商考评试行办法》《公开发行证券的公司信息披露的内容与格式准则》1 号与 2 号、《亏损上市公司暂停上市和终止上市实施办法》《上市公司新股发行管理办法》《关于在上市公司建立独立董事制度的指导意见》等相关法规密集出台，且法规之间相互呼应，从内容上越来越关注对股东利益的保护。这对规范和约束上市公司和中介机构的行为，引导投资理念，保护股东权益，起到了非常重要的作用。在会计信息方面，自 1998 年以来，财政部先后颁布了《股份有限公司会计制度》《公司会计准则——现金流量表》等 11 个具体会计准则，《公司会计制度》《关联方之间出售资产等有关会计处理问题暂行规定》等制度，为资本市场的监管和提高公司信息透明度，减少信息不对称程度作出了贡献，体现了对保护小股东权益横向部门之间的配合。

但是，作为小股东保护法律体系的母法——《公司法》和《证

① 沈艺峰:《我国中小投资者法律保护历史实践的实证检验》，载《经济研究》2004 年第 9 期，第 93 页。

② 同上。

券法》在这一时期仍然存在着许多不尽如人意的地方。

第一,《公司法》主要从股东大会、对大股东及管理层的制约和限制以及股东个人诉讼三个方面构成对小股东权益保障的体系。1999 年修正后的《公司法》仍然存在一些问题:

首先,《公司法》没有具体规定股东大会职权的行使方式,没有提供实现小股东权利的有效法律程序,尤其是当小股东权益受到侵害时,缺乏维权程序和依据;在股东大会中,资本的多数表决制无法实现小股东的“话语权”,股东大会往往被大股东左右,大股东支配着董事会人选的确定、公司兼并、收购、重大经营政策和财务政策等公司重大事项的决定,而这些事项正是股东在公司中行使其权利,实现其利益的决定因素。当小股东的有“话语权”缺乏有效的制度和程序保障时,小股东的意愿就很难通过股东大会来表达。这样,当大股东和小股东发生矛盾冲突时,通过股东大会保障小股东权益的实现就变成了一句空话。其次,我国《公司法》强调了“股东”的合法权益,显然保护的是大股东的权益,因为:①《公司法》中把股东看作是同质的,没有区分大、小股东,忽视了他们之间的矛盾冲突与权力分配的不对称,在所有权集中的公司中,这一问题更加突出。公司中的多数表决制度没有赋予小股东的诉讼提起权。②《公司法》规定了董事和监事的义务,这些义务在性质上是对公司和公司的大股东而言的,没有规定董事、监事和大股东对公司中弱势群体——小股东应该承担的义务。③没有小股东的法律救济制度。因为,当公司被大股东和管理层共同控制或由大股东控制时,小股东是否能得到救济,最终的决定权在于公司以及公司的管理层和大股东,小股东无权对董事的过失和不适行为提起诉讼,而在我国的上市公司中大股东控制是其主要特征,所以,在小股东权益受到侵害时,往往得不到法律救济,这意味着大股东和董事利用其权力进行利益侵害的风险，以及由这种风险带来的现实损失都要由小股东要承担。最后，就股东个人诉讼而言，《公司法》对小股东个人诉讼的前提存在着重大的纰漏。即在法律制定或修改时，如果法律没有顾及小股东的利益条款，大股东在不违法的情况下，侵害了小股东的利益，小股东不能提起诉讼。

总之，虽然《公司法》中的一些制度设计在小股东利益保护方面仍存在缺陷，不利于小股东对大股东及公司管理层行为的制约；当小股东权益受到侵害时，缺乏充分的司法救济制度。小股东的保护在 2004 年的《公司法》中处于一种法律虚无的状态之中。但是，我们并不能否认《公司法》在股东权益保护方向迈出的里程碑式的步伐，为以后更好是保护小股东权益奠定的坚实基础。

第二，《证券法》的颁布与实施，标志着我国资本市场的运行与政府监管有了基本法律依据，并开始发挥越来越大的作用，但是，它对民事责任的规定并没有涵盖实践中已经出现而应当涉及的民事责任形式：①《证券法》中对侵占小股东利益的禁止性规定只涉及了行政和刑事责任，没有涉及民事赔偿责任，这意味着，当小股东利益受到侵害时，得不到经济赔偿。尤其是它忽视了对侵害小股东利益的违法行为的发现机制。如果小股东屡屡发现应受查处的违法行为，权利受害者得不到补偿，而行为侵害人又得不到应有的惩罚，那么，这种制度就渐渐扼杀了小股东监督违法行为的积极性和主动性，就会从根本上失去应有的效果。②对民事责任的规定的过于简略和粗疏，不仅导致执法时理解上的困难，而且还会导致对一个条款解释的不一致性，失去法律的严肃性和执行效果。③《证券法》对民事责任的规定大多数比较原则，如没有具体规定证券欺诈行为和小股东受侵害损失的认定标准，从而使保护小股东权益，追究民事责任时，缺乏可操作性，使小股东受侵害的赔偿制度无法真正落到实处。④《证券法》对大股东和公司管理层的侵权行为定性不明确，导致在举证责任分担上极其不利于小股东。以上这些都会对保护小股东利益的立法宗旨产生影响。可喜的是，2005 年我国对《公司法》和《证券法》的进一步修正使这些状况有所改善。

三、法律保护的完善阶段（2005 年至今）

2005 年至今是小股东法律保护的完善阶段。这一阶段对小股东的法律保护主要体现在对《公司法》和《证券法》的修订上，这次修订目标明确，将小股东权益的法律保护放在了一个比较突出的地位，更多地借鉴了国外的一些好的做法，使其在实务中的可操作性更强。

（一）《公司法》对小股东法律保护的改善

1.强调了公司的社会责任。在《公司法》中新增加的第五条规定：公司从事经营活动，必须遵守法律、行政法规，遵守社会公德、商业道德，诚实守信，接受政府和社会公众的监督，承担社会责任。小股东作为公司的重要利益相关者，也是公司应该履行社会责任的客体。遵守法律法规，包括有利于小股东利益保护的法律法规，对小股东利益的保护就是一种改善。

2.引入公司法人人格否认制度。第二十条规定：公司股东应当遵守法律、行政法规和公司章程，依法行使股东权利，不得滥用股东权利损害公司或者其他股东的利益；不得滥用公司法人独立地位和股东有限责任损害公司债权人的利益。公司股东滥用股东权利给公司或者其他股东造成损失的，应当依法承担赔偿责任。这一条从本质上已经把大股东与其他小股东作了区分，并明确了应承担的赔偿责任。

3.严格规范公司的关联交易行为。《公司法》第二十一条规定:公司的控股股东、实际控制人、董事、监事、高级管理人员不得利用其关联关系损害公司利益。违反前款规定,给公司造成损失的,应当承担赔偿责任。第一百二十五条规定:上市公司董事与董事会会议决议事项所涉及的公司有关联关系的,不得对该项决议行使表决权,也不得代理其他董事行使表决权。该董事会会议由过半数的无关联关系的董事出席即可举行,董事会会议所作决议须经无关联关系的董事过半数通过。出席董事会的无关联关系的董事人数不足三人的,应将该事项提交上市公司股东大会审议。

4.设计了股东特定退出机制。第七十五条规定:有下列情形之一的,对股东会该项决议投反对票的股东可以请求公司按照合理的价格收购其股权:①公司连续五年不向股东分配利润,而公司该五年连续盈利,并且符合本法规定的分配利润条件的;②公司合并、分立、转让主要财产的;③公司章程规定的营业期限届满或者章程规定的其他解散事由出现,股东会会议通过决议修改章程使公司存续的。

5.增加累积投票制度。第一百零六条规定:股东大会选举董事、监事,可以根据公司章程的规定或者股东大会的决议,实行累积投票制。本法所称累积投票制,是指股东大会选举董事或者监事时,每一股份拥有与应选董事或者监事人数相同的表决权,股东拥有的表决权可以集中使用。

6.修正后的《公司法》第一百二十三条要求上市公司要设立独立董事,关于独立董事制度的具体执行方法由国务院单独规定。

7.增加了股东诉讼的规定。修正后的《公司法》第一百五十条规定:董事、监事、高级管理人员执行公司职务时,违反法律、行政法规或者公司章程的规定,给公司造成损失的,应当承担赔偿责任。第一百五十二条规定:董事、高级管理人员有本法第一百五十条规定的情形的,有限责任公司的股东、股份有限公司连续一百八十日以上单独或者合计持有公司百分之一以上股份的股东,可以书面请求监事会或者不设监事会的有限责任公司的监事向人民法院提起诉讼;监事有本法第一百五十条规定的情形的,前述股东可以书面请求董事会或者不设董事会的有限责任公司的执行董事向人民法院提起诉讼。

8.从制度上保障会计师事务所的独立性。第一百七十条规定:公司聘用、解聘承办公司审计业务的会计师事务所,依照公司章程的规定,由股东会、股东大会或者董事会决定。这一条主要是针对实践中存在公司董事会、高级管理人员操纵会计师事务所做假账的现象,影响了外部审计结果的客观性和公正性而提出的。为了保障会计师事务所的独立性,真正发挥外部审计的监督作用,有必要对此作出规定。

9.增加了特殊情况下股东可申请法院解散公司的规定。第一百八十三条规定:公司经营管理发生严重困难,继续存续会使股东利益受到重大损失的,通过其他途径不能解决的,持有公司全部股东表决权百分之十以上的股东,可以请求人民法院解散公司。

(二)修订后的《证券法》对小股东法律保护的改善

修订后的《证券法》在总结我国证券市场发展的经验教训基础上,作出了以下修正。

1.修订后的《证券法》在明确区分了公开发行证券和非公开发行证券的基础上,规定的新证券发行的条件,使之上升到法律高度,并明确了违规发行的处理方式和法律责任(第十条、第十三条、第十六条、第二十六条)。发行证券条件与处理方式及法律责任相结合,更有利于保护股东的权益。

2.新《证券法》的第十二条和第十四条,在我国首次引入了代收股款银行的方法。虽然这一方法在《证券法》修订以前已被采用,但在法律中明确这一操作方法还是首次。这样,一方面使得股款的流动更为安全;另一方面也使银行成为责任人——银行无疑负有监督责任,监督股款的流动。这也体现了新《证券法》较强的操作性。

3.新《证券法》更为详细地规定的信息持续披露制,扩大了信息披露的责任人,增加上市公司的董事、监事、高级管理人员和其他直接责任人员以及保荐人、发行人、上市公司的控股股东、实际控制人为信息披露责任人,除非上述人员能证明自己没有过错,否则,均要对由不合法的信息披露引起的股东在证券交易中受到的损失承担连带赔偿责任。

4.新《证券法》第十一章扩大了法律责任主体范围,具体化了法律责任,增加了法律责任形式,加大了罚款力度。①法律责任主体范围的扩大。上市公司的高级管理人员、控股股东及实际控制人、证券服务机构及其从业人员均将承担不同的法律责任。②法律责任更为具体。修订后的《证券法》对涉及证券交易的各种行为及程序均规定了相应的法律责任,改变了原《证券法》中原则性规定多、详细规定少的状况,使相应的法律责任更详细,监管更严密。③法律责任形式增多。原《证券法》的法律责任形式主要为罚款,这一形式的作用是有限的,并不能彻底解决存在的问题。修订后的《证券法》规定,对不同的人员不同的行为分别可以适用赔偿责任、罚款、警告、行政处分、撤职、撤销任职资格或从业资格、责令关闭及承担刑事责任等,增加了法律责任形式。这些法律责任形式已涵盖了民事责任、行政责任和刑事责任。④罚款力度加大。新《证券法》根据不同的情况,在罚款额度上分别提高了不同的倍数，也使法律责任的轻重一定程度上符合了我国经济发展的阶段。目前，我国经济快速发展，国民财富也有了很大的积累，如果再适用原来的标准制定罚款额度已难以起到教育和惩罚的作用。

5.新《证券法》增加了股东保护基金制度。新《证券法》规定国家设立证券股东保护基金，由证券公司缴纳的资金及其他依法筹集的资金组成，其筹集、管理和使用的具体办法由国务院规定。这一点在原《证券法》没有规定。

（三）股权分置改革：改善小股东法律保护的重大事件

2005 年以前，我国上市公司中普遍存在“两种不同性质的股票”——非流通股和流通股，这两类股票形成了“同股不同价不同权”的市场制度与结构，破坏了上市公司中股东利益机制的一致性基础，使非流通股股东——大股东与流通股股东——小股东之间的利益关系处在完全不协调甚至对立的状态。一方面，在保持控股地位的前提下，大股东往往继续通过高价配股、增发等方式融资，迅速增加每股净资产，从而巧妙地吞噬了流通股东的部分资产；另一方面，现金股利分配政策成为大股东套取现金、转移公司资源和侵害流通股东利益的工具。

为了保护小股东的利益，保证资本市场的健康发展，提高资本市场效率，促进社会资金的合理配置。2005 年，我国进行了股权分置改革，试图通过改革把非流通股变为可以在二级市场上进行交易的流通股，消除资本市场上流通股与非流通股的分置状态，从而使我国资本市场的制度性缺陷得以解决，实现大股东——非流通股股东——与小股东——流通股股东的利益趋于一致。

2005 年 4 月 29 日，证监会发布《关于上市公司股权分置改革试点有关问题的通知》,启动了股权分置改革试点工作。5月9日,证监会推出首批三一重工、紫江企业、清华同方、金牛能源等四家股权分置改革试点公司。2005年8月24日,证监会、国资委、财政部、人民银行、商务部联合颁布《关于上市公司股权分置改革的指导意见》认为股权分置改革试点工作已顺利完成,具备了总体积极稳妥推进股权分置改革的基础和条件。2005年9月4日,中国证监会在总结股权分置改革试点经验的基础上证监会正式发布并实施《上市公司股权分置改革管理办法》,从此,股权分置改革全面展开。9月12日,首批40家公司进入股改程序,之后以每周一批的速度推出。2008年4月20日,为规范上市公司解除限售存量股份的转让行为,证监会发布了《上市公司解除限售存量股份转让指导意见》。截至2009年7月,沪深两市共有1300多只股票完成了股权分置改革并复牌上市,占股票总数的98%以上,此次股权分置改革之所以得以顺利实施和基本完成。

第四节 小股东法律保护对小股东利益分配政策的影响:理论分析与假设

一、小股东法律保护与小股东利益分配政策的关系:契约论和法律论

根据政府立法和执法在股东保护过程中的作用,股东法律保护理论可以分为契约论和法律论,这两种理论构成了股东法律保护与现金股利关系的理论渊源。

(一)股东法律保护的契约论

股东法律保护契约论的核心内容是法律内容本身并不重要,重要的是政府能够通过有效地执法保护契约的执行,也就是说,委

托人可以通过与代理人签订契约实现对自己权益的保护，政府只要保证这些契约的执行也就保护了契约双方的权益。Andrei Shleifer、Daniel Wolfenzon（2002）在分析股东与公司签订有效保护其权益契约的最佳条件时指出，只要执行这些契约的成本为零，股东就不需要法律或者可以找到通过签订契约替代法律的方法。在长期的发展中，契约论形成了三个重要的观点：①法律的有效执行比法律内容本身更重要；②虽然法律保护重要，但是，存在法律保护的替代机制；③契约双方可以寻求跨国契约的法律保护。即当法律和国内制度不健全时，公司和股东可以通过签订国际契约，提高法律保护的效率。

1.法律的有效执行比法律内容更重要，且存在着股东法律保护的替代机制。Easterbrook（1984）认为对资金有需求并依赖和希望通过外部资本市场筹集资金的公司来说，要想与股东签订契约，可以通过一些非法律机制表现出“善待”股东的姿态，例如，公司实行高现金股利分配的政策。虽然这些机制有的为法律所限制，例如，通过高回报率的承诺进行融资，但是，契约双方总可以找到一些有效的安排，签订合理有效的契约，保护各自权益的实现。按照这种观点，在极端情况下，如果所有国家都有良好的司法体系，股东的权益得到较好的保护时，公司应该会有相近的和有效的财务安排。当股东的权益在法律体系内得不到保护时，他们就会寻找法律之外的其他政府或民间制度以替代法律的“缺位”。例如，通过政府干预或公司与股东的私人契约实现理想的股东权益保护水平。这种替代机制大体可分为三类：①政府干预。对某些法律没有作出禁止性规定的侵害股东利益的公司行为，政府也能够通过指令或其他方式向公司施加压力，使其善待股东，停止侵害股东权益的行为，否则，公司可能受到惩罚。例如，我国证监会规定上市公司股权再融资需要考察其近三年来的派现情况，这对想通过股票市场融资的公司而言，与强制上市公司分配现金股利没有差别。②把分散的所有权集中起来。分散持股导致了所有权与控制权的高度分离，使管理层得不到有效的约束。这时，将分散的股权集聚起来，形成股权相对集中的公司治理结构，可以提高监督和控制管理层的激励和能力，从而提高公司的价值。Klaus Gugler、B.Burcin Yurtoglu（2003）对德国和 Lins（2002）对新兴国家的研究都支持这一结论。③声誉机制。公司是利益相关者的集合体，当它建立并维护起良好的声誉，应能吸引更多的社会资源为之服务。比如公司通过实施符合股东偏好的现金股利分配政策，可以建立善待股东的声誉，从而增强公司外部融资的能力。

2.签订国际契约。这主要是指公司可以到对股东权益法律保护好的国家挂牌上市，以提高股东权益保护程度。随着资本市场的国际化，在本国股东保护不足时，公司可以通过交叉挂牌到股东保护好的市场上市，从而提高股东保护效率。

总之，契约论的基本观点是，只要契约是完善的，执行契约的司法体系是有效的，那么，股东与公司签订契约就可达到保护自己利益的目的，法律并不重要。

（二）股东法律保护的法律论

法律论认为法律的内容与执行对保护股东权益不受侵害至关重要，是决定股东保护水平最重要的因素。该理论的主要代表是 LLSV。LLSV（1999）分析了 49 个国家股东法律保护情况，认为一个国家的股东法律保护水平与该国家的法律渊源相关，一般来说，法律传统源于民法系的国家，其法律体系对股东权益的保护较差，而法律传统源于普通法系的国家，其法律体系对股东权益的保护较好。在 LLSV 看来，对保护股东权益来说，建立一个完善的保护股东权益的法律框架和有效的法律监管体系是必不可少的。

法律论认为，从现实条件来看，契约论所提出的政府干预、集中的外部所有权、公司声誉和签订国际契约（交叉上市）四种股东法律保护的替代机制并非完美：①通过政府干预有效地保护股东权益的前提是政府必须是有效的和廉洁的，而政府的有效和廉洁在很大程度上又受到一个国家法律与司法体系的有效性的影响。所以，政府干预最终离不开法律的有效性。有时，政府表示要保护股东的权益，但是，在最危急的时候，例如在发生经济危机时，政府更倾向于抛弃股东（尤其是小股东）而保护企业家（大股东）。在 1998 年亚洲金融危机中，一些以普通法系为基础的东亚国家政府的表现就证明了这一点。②集中外部所有权也不是万全之策。虽然，集中分散的股权有助于提高股东监督经营者的能力与激励，但是，股权的过度集中仍会形成另一种代理问题——大股东对小股东的利益侵害，同样会降低公司行动的效率性，使公司的价值降低。③公司建立并使用声誉机制是有条件的，这可能会影响公司建立声誉机制的能力和信誉机制使用的有效性。在公司经营状况好且有意愿和动力建立并使用声誉机制的时候，它可能有能力建立并使用信誉机制，以筹集更多的资金，而这时可能公司恰恰并不需要资金；当公司处于经营困境时，则是没有能力建立这种信誉机制，筹集不到资金，这时可能正是公司需要资金摆脱困境的时候。所以，信誉机制只能做“锦上添花”，而不能做到“雪中送炭”。④签订跨国契约（交叉上市）的机制存在两个障碍，一是公司是否签订跨国契约（交叉上市）与公司控制权人（经营者或大股东）的真实愿望相关。公司签订跨国契约（交叉上市）可以对公司的经营者（或大股东）起到监督作用，然而经营者（或大股东）恰恰是公司的控制权人，作为被监督对象如果不愿意接受这样的监督，那么，公司能签订跨国契约吗？二是签订跨国契约（交叉上市）的能力和条件。在签订跨国契约（交叉上市）往往会受到他国相关法律的约束，在股东权益法律保护好的国家签订跨国契约，其法律对公司的经营质量、治理结构、规模等有严格的要求，并不是所有公司都具备这种能力和条件。这两个障碍决定了通过签订国际契约（交叉上市）提高小股东权益保护水平就失去了普遍性。

股东权益法律保护的契约论和法律论影响着人们对现金股利分配政策的认识，这些认识分别形成了现金股利法律保护的替代模型和法律保护的结果模型：前者的理论基础是契约论，认为现金股利分配政策是法律保护的替代；后者的理论基础是法律论，认为现金股利政策是法律保护的结果。

二、小股东法律保护对小股东利益分配政策的影响

现金股利支付额与大股东可用于控制权私人收益的现金额之间存在此消彼长的数量关系，因此，大股东与小股东将围绕着现金股利分配政策的制定产生利益冲突，大股东会利用控制权制定使自身利益最大化的现金股利分配政策，可能会把现金股利分配政策变为侵害小股东利益的一种工具。法律有义务保护小股东的权益免受侵害，抑制大股东的侵害行为，这也势必会对公司的现金股利分配政策产生影响。对于一个国家来说，小股东法律保护是一个渐进的过程，不同时期法律对小股东的法律保护水平不同，公司的现金股利政策在不同阶段也会表现出不同的特征。

命题1:小股东权益的法律保护会对现金股利政策具有阶段性特征。

对小股东法律保护与现金股利分配政策之间关系的认识不同,形成了现金股利法律保护结果模型和法律保护替代模型。

(一)现金股利法律保护结果模型

现金股利法律保护结果模型的理论基础是"股东保护法律论"。该模型认为,现金股利分配政策是法律对小股东权益有效保护的结果,法律对小股东权益保护越好,公司支付的现金股利越高,大股东可用于控制权私人收益的现金越少;法律对小股东权益保护越差,公司支付的现金股利越低,大股东借以获得控制权私人收益的现金和利益侵害的机会越多。究其原因,在一个对小股东权益能够进行有效保护的法律体系内,小股东可以凭借法律赋予他们的权力迫使公司"吐出"现金,以阻止"内部人"(包括大股东)将公司的现金用于控制权私人收益。对小股东权益有效的法律保护还可以提高大股东利益侵害的法律风险,增加利益侵害成本。值得注意的是,这里"权力"不是满足小股东对现金股利本身需要的权力,而是强调他们享有更广泛的诸如对董事任免的投票表决权、股票任意出售权以及对利益侵害公司提起诉讼权力等保护其利益免受侵害的权力。因此,在其他条件不变的情况下,小股东法律保护越好,小股东的权力越大,他们从公司中"榨出"的现金股利就越多。法律对小股东权益保护的程度不仅与法律内容有关还与法律执行的效率有关,在执法效率高的国家里,公司往往会支付较高的现金股利。LLSV(2000)和Faccio、L. Young and Lang(2001)等的研究验证了这一点。

现金股利法律保护结果模型还有另外一层含义:公司未来发展机会与现金股利分配政策之间的关系。设想有两个公司:一个公司面临很多好的发展机会,增长前景良好,另一个公司没有发展机会,增长前景黯淡。如果小股东已经认识或体验到法律能够有效地保护其利益免受侵害,那么,他可能会接受前一个公司支付较低甚至不支付现金股利的政策,希望在未来得到更高的再投资回报。而对后一个公司而言,小股东会预期该公司缺乏投资机会,过多的现金滞留在公司,在未来不但不会产生或提高再投资回报,而且还会增加其利益被侵害的风险,所以,他们很难接受一个低的现金股利政策。结果是,因为有效的小股东法律保护,未来发展机会多的公司比未来发展机会少的公司支付显著较低的现金股利。

命题2:根据法律保护结果模型,法律对小股东权益保护越好,公司应支付的现金股利越高;公司未来的发展机会越多,可能支付的现金股利越低。

(二)现金股利法律保护替代模型

现金股利法律保护替代模型的理论基础是“股东保护的契约论”。该模型认为,现金股利分配政策是小股东法律保护不足的一种替代机制。当法律对小股东权益保护缺乏效率时,公司更倾向于实施较高的现金股利分配政策;当法律对小股东权益保护较好时,公司可能会实行较低的现金股利分配政策。这种观点的成立主要依赖于公司的项目投资需要从外部筹资,且公司有动力为了能够从外部筹集资金,必须建立一个适度保护小股东利益免受侵害的信誉机制。其中通过现金股利分配政策向传递“善待”小股东的信号,就是建立这种机制的方法之一。对小股东而言,支付现金股利可以减少留存在公司的现金,减少利益被侵害风险。在法律保护较弱的国家里,小股东缺少其他可依靠的维权手段,一个善待小股东的信誉机制是有价值的(Gomes,

Armado,2000)。所以,在法律对小股东权益保护较弱的国家里,对依赖于外部筹资的公司而言,建立一个声誉机制的愿望是很强的。相比较而言,在法律对小股东权益保护较强的国家里,声誉机制的建立可能就较弱。如果公司把现金股利分配政策看作一种建立声誉的机制,那么,在其他条件不变的情况下,在法律保护较弱的国家里应该比在法律保护较强的国家里,支付更高的现金股利支付。

另外,按照现金股利法律保护替代模型,未来有着较好发展机会的公司,因为存在着对外部融资的潜在需求,有为融资建立一种信誉的较为强烈的动机。所以,未来有着较好发展前景的公司可能比发展前景不好的公司实施更高的现金股利分配政策率。然而,发展前景较好的公司比发展前景不好的公司对目前资金也有较好的用途,可能通过内部融资解决投资所需要的资金。所以,有可能实施较低的现金股利分配政策。因此,增长前景与现金股利支付率之间的关系是模棱两可的。

命题3:根据法律保护替代模型,法律对小股东权益保护越好,公司支付的现金股利越低;公司的发展前景与现金股利的高低关系不明朗。

(三)交叉上市——大股东一种主动自我约束的姿态

所谓交叉上市是指在某一国家或地区注册上市的公司同时又在其他国家或地区的资本市场上市发行股票筹集资本。因为上市公司要遵守上市地的相关法律法规,受其法律规定和司法的约束①,所以,股东法律保护差的国家或地区的公司在股东保护好的国

① 例如,非美国的公司在美国交叉上市,要遵守美国通用会计准则和交易所规则、在美国证券交易委员会注册以及遵守保护小股东的收购兼并准则。

家或地区上市，可以提高股东法律保护水平。Reese 和 Weisbach(2002)的研究结果表明，在交叉上市后，无论母国法律对股东保护水平如何，在美国交叉上市的外国公司的股票发行数量和公司价值都有较大的增长。来自民法系国家或地区的公司倾向于在美国以外的国家或地区发行股票，而来自普通法系国家和地区的公司倾向于在美国境内增发股票。他们还认为，母国法律对股东权益保护较好的公司在美国交叉上市是为了进入美国资本市场筹集资金，母国法律对股东权益保护较弱的国家在美国交叉上市是为了通过遵守美国证券市场原则，(例如，通过在美国交叉上市，外国公司就必须接受美国 GAAP 和证券法律规范。)实现自我约束，树立声誉，以便在本国和其他地方更容易地筹集到资金。于是，Reese 和 Weisbach(2002)得出结论：通过交叉上市的方式，股东法律保护较差国家的公司可以通过自愿地接受股东法律保护较好国家的法律约束，树立公司“善待”小股东的声誉。所以，交叉上市是大股东向小股东展示的一种自我约束的姿态，客观上可以提高小股东法律保护的水平，减少了大股东对小股东权益的侵害，增加公司的价值。根据现金股利的代理理论，现金股利分配政策是一种缓解大股东与小股东代理问题的机制，高现金股利分配政策是对小股东的一种“善待”政策，那么，支付较高的现金股利可以树立公司的声誉机制。在法律对小股东保护较好的国家和地区，公司也愿意支付较高的现金股利。

命题 4：交叉上市公司比没有交叉上市公司支付更高的现金股利。

三、待检验假设

命题 1 是通过以下假设得到检验的。

H1:小股东法律保护不同阶段的现金股利分配政策存在差异。

根据法律保护结果模型(命题2):

H2(a)现金股利支付率与股东法律保护程度正相关;

H2(b)公司未来发展机会与现金股利支付率负相关。

根据法律保护替代模型(命题3):

H3(a)现金股利支付率与股东法律保护程度负相关;

H3(b)公司未来发展可能会与现金股利支付率的关系不明朗。

交叉上市公司(命题4):

H4:交叉上市的公司比没有交叉上市的公司支付有更高的现金股利支付率。

第五节　检验设计

一、样本的取得与变量的确定

(一)样本的取得

本部分的研究采用与第四章第三节第二部分相同的样本进行研究,并使用相同的软件SPSS19.0进行统计分析。

(二)变量的确定

本章研究所使用的变量除解释变量——法律保护程度(Law)之外,其他的变量与第五章中所使用的变量含义相同,包括被解释变量——现金股利支付率(Payout)和控制变量资产负债率(Leverage)、每股收益(Eps)、每股经营现金流量(Cash)、资产规模(Lnasset)和主营业务收入增长率(Sale)。

法律保护程度(Law)是用来衡量我国法律对小股东权益保护

水平的变量。该变量使用了沈艺峰等(2004)的小股东权利[①]法律保护分值表和赋分规则[②],计算出1998年到2010年我国小股东法律保护水平的每年分值[③]作为我国小股东法律保护程度(Law)的数值。

二、检验方法

为了检验提出的假设,本部分采用了多元回归分析方法和T检验差异分析法。首先,运用变量描述性统计和总体回归分析,总体评价小股东法律保护对现金股利分配政策的影响。然后,运用T检验差异分析法分析我国小股东法律保护的不同发展历史阶段和交叉上市公司的现金股利分配政策是否存在差异,从纵向和横向两个方面检验小股东法律保护对现金股利分配政策的影响。本章运用的回归模型为:

$payout = \beta_0 + \beta_1 Law + \beta_2 Cash + \beta_3 Leverage + \beta_4 Eps + \beta_5 Sale + \beta_6 Lnasset + \varepsilon$ 为了研究我国小股东法律保护的不同发展阶段对现金股利分配政策的影响,根据第六章第二节对我国小股东法律保护阶段的划分,以1999年7月开始实施的《证券法》为标志,将我国对小股东法律保护的过程分为两个阶段。因为它的出

---

① 股东权利主要包括LLSV(1998)与小股东权利法律保护有关的9项条款:一股一票、"抗董事权"中的通信表决权、代理表决权、累计投票表决权、临时股东会召集权和股东起诉权。另外增加了重大事项的表决方式,共七项条款;其他制度与政策主要包括:信息披露制度、会计和审计制度、送配(包括增发)股政策和现金股利政策、大股东和董事的诚信义务和忠实义务以及外部独立董事等9项条款。

② 赋分原则及赋分表见沈艺峰等:《我国中小投资者法律保护历史实践的实证检验》,载《经济研究》2004年第9期。

③ 具体赋值见附录中的"我国小股东法律保护赋值表"。

台标志着我国证券市场规范化发展的开始。但是,考虑到公司现金股利政策的实施受法律影响的滞后性,在实证研究时,将现金股利政策的实施滞后效应确定为一年,以 2000 年为界,将我国小股东法律保护进程分为两阶段,即将 1998 年至 2000 年作为第一阶段,这一阶段我国小股东法律保护的分值较低,属于小股东法律保护较差阶段;2001 年至 2010 年作为第二阶段。在这一阶段,我国小股东法律保护全面展开,相关法律、法规密集出台,小股东法律保护分值迅速增加,属于小股东法律保护较好阶段。值得说明的是,因股权分置改革对价给小股东的现金股利不纳入所研究的样本。这一点在样本取得时已经说明。

横向主要检验在不同的国家(或地区)交叉上市的公司与没有交叉上市的公司是否因小股东法律保护程度不同,其现金股利分配政策也存在差异。我国上市公司的股票根据上市地点和交易地点的不同分为 A 股、B 股和 H 股。A 股是在中国大陆上市并以人民币在上海证券交易所和深圳证券交易所进行交易的股票;B 股是在中国大陆上市并以美元在上海证券交易所和深圳证券交易所进行交易的股票;H 股是在中国香港上市并以港元在香港证券交易所进行交易的股票。上市公司应遵守上市地的法律法规,所以,A 股与 H 股所受到的法律约束不同,对小股东的法律保护程度也不同。本部分研究所说的交叉上市是指发行 A+H 股股票的上市公司,即在中国大陆上市并交易的股票同时又在中国香港上市并交易的股票。我国大陆基本上属于民法系,香港主要继承了英国法律,属于普通法系。根据 LLSV 的研究结果,这两个法系属于不同的法律渊源,一般来说前者对小股东法律保持较弱,后者对小股东法律保护较好。这一点在第六章中作了比较。所以,本研究在进行横向比较时,将样本分为不含 H 股的 A 股上市公司和含

H 股的 A 股上市公司两组。

第六节 检验结果及其分析

一、变量的描述性统计

表 6—2 变量的统计性描述

		payout	Law	Cash	Leverage	Eps	Sale	Lnasset
1998 年	平均值	0. 3511	41	0. 1875	0. 3692	0. 3259	0. 2164	20. 8072
	中位数	0. 3268	41	0. 1798	0. 3805	0. 3047	0. 0980	20. 7103
	最小值	0. 0253	41	−0. 9928	0. 0645	0. 0329	−0. 6418	19. 0403
	最大值	1. 5792	41	0. 8228	0. 6955	1. 1684	4. 1926	23. 8238
	标准差	0. 2837	0. 0000	0. 2276	0. 1465	0. 1621	0. 9878	18. 5456
1999 年	平均值	0. 3496	41. 7	0. 2656	0. 4014	0. 3098	0. 3058	21. 0795
	中位数	0. 3177	41. 7	0. 2690	0. 4048	0. 3031	0. 09681	20. 9358
	最小值	0. 0589	41. 7	−0. 8586	0. 083613	0. 0090	−0. 94267	19. 2943
	最大值	5. 5802	41. 7	2. 8947	0. 8649	0. 8649	11. 5711	23. 8101
	标准差	0. 5144	0. 0000	0. 1567	0. 1567	0. 1411	1. 2131	0. 8331
2000 年	平均值	0. 3304	49	0. 2717	0. 3902	0. 3028	0. 3444	21. 0268
	中位数	0. 3135	49	0. 2678	0. 3818	0. 2751	0. 1850	20. 9208
	最小值	0. 033	49	−4. 3721	0. 0300	0. 0041	−0. 8335	19. 1197
	最大值	4. 847	49	1. 7618	0. 8073	1. 2002	18. 7578	24. 3860
	标准差	0. 0395	0. 0000	0. 5074	0. 0300	0. 1605	1. 2010	0. 8017

续表

		payout	Law	Cash	Leverage	Eps	Sale	Lnasset
2001 年	平均值	0. 3440	53. 5	0. 2811	0. 3845	0. 2706	0. 4982	21. 1516
	中位数	0. 3374	53. 5	0. 2583	0. 3806	0. 2346	0. 1276	20. 9889
	最小值	0. 0359	53. 5	-2. 4640	0. 0620	0. 0190	-0。8524	19. 0886
	最大值	2. 4321	53. 5	2. 2865	0. 8066	1. 3131	4. 8133	26. 6102
	标准差	0. 2635	0. 0000	0. 4917	0. 1478	0. 1652	0. 4687	0. 8672
2002 年	平均值	0. 3644	59. 50	0. 4164	0. 4027	0. 2717	0. 4664	21. 2505
	中位数	0. 3080	59. 50	0. 3426	0. 3993	0. 2302	0. 1909	21. 0788
	最小值	0. 0463	59. 50	-1. 9983	0. 0711	-0. 1477	-0. 7727	0. 9182
	最大值	4. 5297	59. 50	6. 5444	0. 8282	1. 6944	5. 3733	26. 6323
	标准差	0. 4183	0. 0000	0. 1567	0. 1881	0. 1881	0. 5959	0. 9658
2003 年	平均值	0. 3807	66. 50	0. 4128	0. 4085	0. 3249	0. 3801	21. 4042
	中位数	0. 3680	66. 50	0. 3528	0. 3921	0. 2634	0. 2469	21. 2777
	最小值	0. 0346	66. 50	-8. 1827	0. 0273	-0. 0555	-0. 7024	19. 4834
	最大值	3. 6996	66. 50	6. 5173	0. 8936	2. 4059	5. 6995	26. 6900
	标准差	0. 4251	0. 0000	0. 8776	0. 1670	0. 2528	0. 2469	0. 9702
2004 年	平均值	0. 3967	71. 50	0. 7985	0. 5359	0. 4404	0. 3602	22. 1405
	中位数	0. 3716	71. 50	0. 6514	0. 5409	0. 4686	0. 4089	21. 8504
	最小值	0. 1075	71. 50	0. 2072	0. 1649	0. 0096	0. 0792	20. 4521
	最大值	2. 5950	71. 50	1. 6488	0. 8363	0. 9635	400. 6771	26. 8547
	标准差	0. 6201	0. 0000	0. 4729	0. 1653	0. 2843	106. 9703	1. 6126

续表

		payout	Law	Cash	Leverage	Eps	Sale	Lnasset
2005 年	平均值	0. 3989	84. 12	0. 6985	0. 5035	0. 4698	0. 4510	21. 9546
	中位数	0. 1943	84. 12	0. 6504	0. 4975	0. 4686	0. 4213	20. 9800
	最小值	0. 0098	84. 12	0. 1908	0. 0393	0. 0096	0. 0437	0. 4522
	最大值	1. 7876	84. 12	2. 7685	0. 9911	1. 9765	560. 6865	27. 7324
	标准差	0. 2541	0. 0000	1. 4729	0. 17833	0. 9876	231. 907	1. 6987
2006 年	平均值	0. 3875	102. 00	0. 5633	0. 515363	0. 4895	0. 5095	21. 7699
	中位数	0. 3043	102. 00		0. 5000	0. 4576	0. 4769	20. 9871
	最小值	0. 0998	102. 00	-5. 3522	0. 0436	0. 0436	-1. 2324	19. 3448
	最大值	1. 7876	102. 00	8. 961	0. 9986	0. 8563	4. 9889	27. 1110
	标准差	0. 5541	0. 0000	0. 9391	0. 1770	0. 1702	0. 8978	1. 0585
2007 年	平均值	0. 3907	111. 23	0. 5130	0. 5014	0. 4906	0. 3412	22. 0580
	中位数	0. 3123	111. 23		0. 4900	0. 4898	0. 3096	21. 5466
	最小值	0. 0998	111. 23	-7. 6464	0. 0091	0. 05434	-0. 9980	19. 6951
	最大值	2. 6787	111. 23	8. 8714	0. 9959	0. 8695	102. 5798	25. 9615
	标准差	0. 4541	0. 0000	1. 2910	0. 1756	0. 1639	11. 8768	1. 0891
2008 年	平均值	0. 4207	115. 47	0. 6686	0. 5184	0. 4956	0. 3444	22. 2168
	中位数	0. 3834	115. 47		0. 5201	0. 4900	0. 3285	21. 8989
	最小值	0. 1909	115. 47	-4. 3144	0. 0408	0. 0646	-0. 8398	19. 27
	最大值	3. 7807	115. 47	25. 3958	1. 0884	0. 9569	18. 7565	27. 8091
	标准差	0. 6549	0. 0000	1. 6766	0. 1816	0. 1713	1. 0090	1. 2056

续表

		payout	Law	Cash	Leverage	Eps	Sale	Lnasset
2009 年	平均值	0. 4018	117. 00	0. 8206	0. 5237	0. 5045	0. 2900	22. 4454
	中位数	0. 3734	117. 00		0. 5139	0. 5111	0. 2876	21. 4343
	最小值	0. 0809	117. 00	-1. 2702	0. 0017	0. 0471	-1. 0980	19. 7645
	最大值	4. 0017	117. 00	6. 5319	0. 9943	0. 8857	400. 8655	28. 003
	标准差	0. 5439	117. 00	1. 1005	0. 1847	0. 1717	10. 7689	1. 2566
2010 年	平均值	0. 4109	117. 50	0. 5428	0. 5330	0. 5182	0. 2198	22. 608
	中位数	0. 3875	117. 50		0. 5273	0. 5098	0. 2090	22. 0000
	最小值	0. 0980	117. 50	-6. 5084	0. 0318	0. 0318	-1. 7792	19. 7022
	最大值	3. 8700	117. 50	11. 8135	1. 3570	0. 9027	4. 3743	28. 1356
	标准差	0. 4984	0. 0000	1. 3066	0. 1884	0. 1772	0. 7954	1. 3269
总体	平均值	0. 3902	54. 09	0. 3429	0. 4961	0. 4473	0. 4108	21. 1821
	中位数	0. 3836	62. 50	0. 3052	0. 4877	0. 4308	0. 3503	21. 0370
	最小值	0. 0255	41. 00	-8. 8127	0. 0017	0. 0041	-1. 7792	19. 0403
	最大值	5. 5801	117. 50	25. 3958	1. 3570	2. 4059	560. 6865	26. 8547
	标准差	0. 3915	0. 0000	1. 6376	0. 2872	0. 7914	12. 1438	0. 9176

从表 6—2 中可以看出，在 1998 年至 2010 年之间，我国上市公司的现金股利支付率均值为 39. 02%。最大值为 558. 01%，最小值为 2. 59%。在每一年的现金股利支付率中，均值都大于中位数。这说明，在支付现金股利的公司中 50%以上的公司支付率在均值以下。结合图 6—1 和 6—2 可以看出，在 1998—2000 年的小股东法律分值较低，处于小股东法律保护较弱的阶段，在 1998—2000 年的现金股利支付率呈下降趋势；在 2000 年以后，我国加快了小

股东法律保护的进程，迅速提高了小股东法律保护的水平，现金股利支付率也呈现出上升趋势。说明随着我国小股东法律保护的不断完善和发展，法律保护程度对我国上市公司的现金股利政策产生影响，且具有阶段性特征。

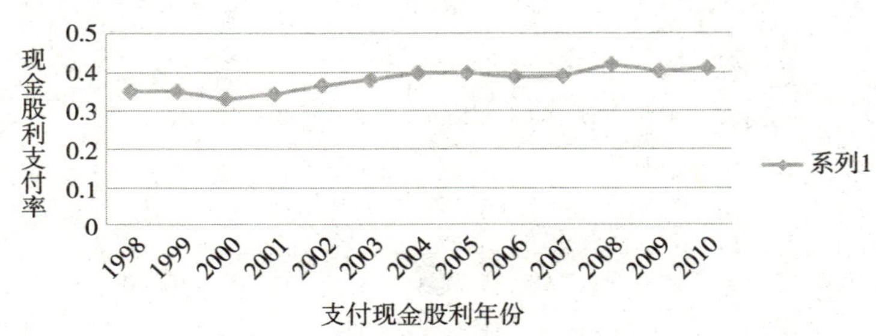

图 6—1　现金股利支付率趋势图

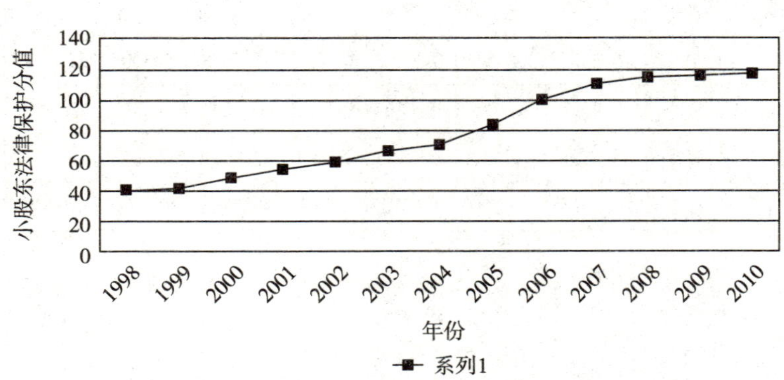

图 6—2　小股东法律保护趋势图

二、小股东法律保护的整体回归分析

本部分采用多元回归法分析小股东法律保护程度对上市公司现金股利分配政策的影响。其回归方程为：

$Payout = \beta_0 + \beta_1 Law + \beta_2 Cash + \beta_3 Leverage + \beta_4 Eps +$

$\beta_5 Sale + \beta_6 Lnasset + \varepsilon_i$

回归结果见表 6—3。

表 6—3　现金股利支付率的多元线性回归结果

	模型 1		模型 2		模型 3	
Law	0. 169	(1. 244) *	0. 176	(1. 957) **	0. 196	(1. 417) **
Cash					0. 167	(2. 466) **
Leverage					−0. 157	(−2. 176) **
Eps					−0. 282	(−10. 310)
Lnasset					0. 037	(1. 361)
Sale			−0. 018	(−1. 088) *	−0. 017	(−0. 665) *
Adj.R^2	0. 24		0. 308		0. 386	

注：括号内为 t 值；*** 表示在 1%的水平下显著；** 表示在 5%的水平上显著；* 表示在 10%的水平上显著。

从表 6—3 可以看出，总体上看来（模型 1、模型 2 和模型 3），公司的现金股利支付率与小股东法律保护呈显著正相关关系（显著水平为 10%），说明随着小股东法律保护程度的提高，现金股利支付率增加。支持假设 H2(a)，不支持假设 H3(a)。在模型 1 中调整后的 R2 为 0. 24，说明小股东法律保护程度对公司现金股利支付率变动的独立解释力较低。随着其他控制变量（模型 2 和模型 3）的加入，模型的解释力提高，小股东法律保护与现金股利支付率的关系并没有改变，说明公司现金股利支付率与小股东法律保护之间的关系具有相当的稳定性，也说明小股东法律保护是影响公司现金股利分配政策的一个重要因素，但是，并不是唯一因素，公司的现金股利政策是多种影响因素的权衡结果。公司的增长前景（Sale）与现金股利支付率负相关，显著性水平为 10%。结果支持 H2(b),不支持假设 H3(b)。公司的资产负债率与现金股利支付率的显著负相关,使我们看到了负债对大股东的“刚性”约束。有趣的是,每股收益与现金股利支付率负相关,但是,并不显著。与每股经营活动现金流量和债务水平显著相关,这说明公司现金股利支付率的高低主要并不是根据其盈利状况作出的,而是考虑了公司的支付能力和财务风险。

从整体回归分析来看,我国上市公司的现金股利政策显著地受到了小股东法律保护的影响,小股东法律保护的结果模型对我国上市公司的现金股利政策具有解释力,在一定程度,公司的现金股利分配政策是小股东法律保护的结果。

三、不同法律保护阶段差异 T 检验与分阶段回归分析

总体检验结果支持现金股利的法律保护结果模型的假设,同时,结合描述性统计的结果,也说明我国小股东法律保护和现金股利分配政策呈现出阶段性特征。为检验我国现金股利分配政策的阶段性特征,本书分不同法律保护阶段对现金股利支付率进行 T 检验和分阶段回归分析。

根据小股东法律保护程度,本研究将我国小股东法律保护分为两阶段:1998 年至 2000 年属于小股东法律保护较差阶段①,2001 年至 2010 年属于小股东法律保护较好阶段。我们对这两个阶段的现金股利支付率进行差异检验(见表 6—4),然后,分阶段进行线性回归分析,以研究小股东法律保护的不同阶段里公司现金股利分配政策所表现的阶段性特征。

① 在马贤明和魏刚对我国证券市制度变迁的分析中,可以发现在第一阶段,主要是市场建立阶段,虽然有一些对股东利益保护的法规,但是,非常少,尤其是对小股东的法律保护几乎没有。

表 6—4 小股东不同法律保护阶段的现金股利支付率差异性检验表

	法律保护较差阶段（1998—2000）	法律保护较好阶段（2001—2010）
平均值	0. 3411	0. 4072
中位数	0. 3209	0. 3982
标准差	0. 4118	0. 4969
最小值	0. 0255	0. 0301
最大值	5. 5801	4. 5297
差异 t 检验值	F＝0. 110，P＝0. 040，t＝−0. 219	

从表 6—4 看出，在小股东法律保护较差阶段，上市公司的现金股利支付率的均值为 34. 11%；在小股东法律保护较好阶段，现金股利支付率的增值为 40. 72%，且两阶段之间的现金股利支付率差异在 5%的水平上显著，结果支付假设 H1。

为了说明不同阶段法律保护程度对现金股利支付率的影响，我们分两阶段（1998—2000 年法律保护较差阶段和 2001—2010 年法律保护较好阶段）进行回归分析，回归结果如下表 6—5。

表 6—5 不同法律阶段现金股利支付率的回归结果

方程 因素	法律保护较差阶段（1998—2000）		法律保护较好阶段（2001—2010）	
	（1）	（2）	（3）	（4）
Law	−0. 156 （0. 154）*	−0. 108 （−2. 434）**	0. 264 （10. 109）***	0. 297 （10. 355）***
Cash		0. 121 （2. 648）***		0. 010 （0. 346）
Leverage		0. 011 （0. 232）		−0. 112 （−4. 044）** *

续表

因素＼方程	法律保护较差阶段（1998—2000）		法律保护较好阶段（2001—2010）	
	（1）	（2）	（3）	（4）
Eps		-0.298 (-6.230)***		-0.145*** (-4.664)***
Sale		0.0076 (0.695)		-0.031 (-1.111)**
Lnasset		-0.253 (-3.120)***		0.034 (1.169)
Adj.R^2	0.12	0.369	0.152	0.373

注：括号内为 t 值；*** 表示在 1%的水平下显著；** 表示在 5%的水平上显著；* 表示在 10%的水平上显著。

表 6—5 回归结果表明，在小股东法律保护比较弱的阶段里，法律保护程度与现金股利支付率在 10%水平上显著负相关；在我们加入控制变量后，法律保护程度的变量（Law）与现金股利支付率在 5%的水平上显著仍然负相关，公司的未来发展机会与现金股利支付率呈正相关关系，但是，其相关性几乎等于零，且不显著。同时，回归模型调整后的 R^2 值有较大提高，这说明在法律保护较差的阶段，上市公司可能更愿意采用低现金股利政策。结果支付假设 H3（a）和 H3（c）。也说明在我国法律保护较差的阶段里，法律保护替代模型有一定的解释力。在小股东法律保护较好的阶段里，法律保护程度的变量（Law）与现金股利支付率在 1%的水平上显著正相关，方程（4）也没有改变方程（3）的相关关系和显著性。结果支付假设 H2（a）和 H2（c），这说明，在我国法律保护较好的阶段，法律保护结果模型对公司的现金股利支付行为具有解释力。

需要说明的是，在 2000 年以后，我国上市公司股权再融资须考虑公司近三年的现金股利支付状况的要求，对需要股权再融资的上市公司来说，相当于规定了强制性现金股利。这可能使我国现金股利政策表现出的阶段性特征更加明显，在第二阶段里现金股利法律保护的结果模型更适合解释我国上市公司的股利支付行为。

四、交叉上市公司现金股利支付率差异分析

公司在小股东法律保护较好的国家或地区交叉上市，可以改善小股东法律保护的水平。Reese 和 Weisbach（2002）发现，小股东法律保护较差国家或地区的公司通过交叉上市的方式，可以自愿地接受小股东法律保护较好国家的法律约束，提高小股东法律保护水平。在我国也存在着两地交叉上市的公司，最为典型的是在中国大陆和香港同时上市的公司，即含有 H 股的 A 股股票。中国大陆属于民法系，香港属于普通法系，两地的小股东法律保护水平不同，后者要好于前者，所以，我们预期含有 H 股的 A 股上市公司与不含有 H 股的 A 股上市公司的现金股利政策存在着差异。我们将样本公司按是否在大陆和香港交叉上市分为两组，以检验在受不同法系的约束下，上市公司的现金股利支付率是否存在差异。其检验结果见表 6—6。

表 6—6　交叉上市公司与非交叉上市的公司现金股利支付率差异分析

	含有 H 股的 A 股现金股利支付率	不含有 H 股的 A 股现金股利支付率
平均数	0.4194	0.3674
中位数	0.3066	0.3511

续表

	含有 H 股的 A 股现金股利支付率	不含有 H 股的 A 股现金股利支付率
标准差	0.5989	0.3807
最小值	0.0495	0.0255
最大值	4.8471	5.5801
差异 t 检验值	F=3.057,P=0.081,t=3.848***	

注：*** 表示在 1%的水平下显著。

表 6—6 中的 Levene 方差齐次检验是在给定 1%的显著水平下进行的，其结果为：F=3.057,，P=0.081>0.05，t=3.848，在 1%水平上显著。可以认为，交叉上市和没有交叉上市的公司现金股利支付率显著不同，交叉上市公司的现金股利支付率均值大于没有交叉上市的公司。这说明交叉上市的公司受对小股东保护较好的法律约束，在小股东法律保护相对较好的国家里能使大股东“吐出”更多的现金，提高了小股东的法律保护水平。现金股利法律保护结果模型更具有解释力，这与 LLSV 等人的研究结果一致，支持了假设 H4。

五、股权分置改革对小股东利益分配政策的影响

（一）检验假设

为了改变流通股与非流通股利益的非一致性，保护小股东的权益，我国自 2005 年开始进行了股权分置改革。这一改革从顶层制度上消除了流通股与非流通股之别，将有利于更好的保护小股东利益。

股权分置改革最核心的内容就是使得原来不能上市流通的非流通股成为流通股，从而实现全流通。一方面，可以改善上市公司

中的“一股独大”股权结构，削弱第一大股东的控制权，提高小股东的监督能力；另一方面，实现大股东（改革前的非流通股股东）与小股东（改革前的流通股股东）的利益基础一致性。这样能使得大股东更关心公司经营业绩的增长，督促经营者追求股东利益最大化，以实现企业价值增长，也能使大股东减少利益侵害行为，避免把现金股利分配政策作为一种利益侵害工具，实现与小股东共享公司收益的分配政策。所以，提出假设5。

H5：股权分置改革前公司现金股利支付率高于改革后。

（二）样本选取

本部分仍以第四章第三节第二部分的样本为基础样本，从中选取进行了股权分置改革的上市公司为研究的样本公司，将这些样本公司股权分置改革前的现金股利政策与股权分置改革后的现金股利分配政策进行差异性检验，分析使用的软件是SPSS19.0。

（三）检验结果

本部分通过对同一家上市公司股权分置改革前后的现金股利支付率进行差异性检验，差异性检验的方法是将同一公司股改后与股改前的现金股利支付率做差，通过单样本T检验，检验其差值与0的差异，进而反映出股改前后现金股利支付率是否显著存在差异。

本部分通过对同一个公司在股权分置改革前后现金股利支付率水平进行单样本T检验的差异性检验，分析结果如下：

表6—7　上市公司股权分置改革前后现金股利支付率差异分析

	股改前的股现金股利支付率	股改后的现金股利支付率
平均数	0.3246	0.3306
中位数	0.3200	0.3301

续表

	股改前的股现金股利支付率	股改后的现金股利支付率
标准差	1.5989	0.9880
最小值	0.0387	0.0155
最大值	3.9810	3.6785
差异 t 检验值	F = 4.3981, P = 0.11, t = 4.9780***	

注：*** 表示在 1%的水平下显著；** 表示在 5%的水平下显著；* 表示在 10%的水平下显著。

通过表 6—7 的分析可以看出，虽然，上市公司改革后的现金股利支付率的均值高于改革后的现金股利支付率，但是，股权分置改革前后的现金股利支付率在 10%以内的水平上不存在显著性差异，结论不支持 H5。无论把高现金股利分配政策看作对小股东的一种“善待”，还是把高现金股利分配政策看作一种利益侵害工具，那么，股权分置改革并没有显著提高小股东权益的保护水平，小股东在公司治理中的现状并没有得到根本性改变。这一结论与周县华和吕长江（2008）的研究结论相一致。我们认为，大股东侵害小股东利益的原因是大股东与小股东利益的不一致性，产生利益不一致性的基础是大股东控制，而股权分置并不是产生大股东控制的唯一原因，例如，股东还可以通过资本市场收购股份集中股权，实现对公司的控制。所以，“股权分置导致了流通股股东与非流通股股东利益基础的不一致”作为一种普遍的说法只是对现象的表述，本质应该是大股东和小股东在公司治理中的权力禀赋不同，导致了大股东与小股东利益基础的不一致性，最终使其利益内容的构成和实现途径产生差异。从表 3.1 和 3.2 也可以看到，第一大股东的持股比例由股改前 2005 年的 42.12%下降到股改后

2010 年的 36.10%；第 2—5 位大股东的持股比例也相应的由 16.87%下降到 12.22%。这一股权集中状态并没有从根本上改变我国上市公司治理中大股东控制的现状，所以，大股东利用其控制权制定有利于其利益最大化而侵害小股东利益的利益分配政策的现状也没从根本上发生变化。

第七节　本章小结

本章从我国小股东法律保护的历史进程和交叉上市两个方面检验了小股东法律保护对公司现金股利分配政策的影响。

从小股东法律保护进程的整体来看，小股东法律保护水平的加强，提高了上市公司的现金股利支付率，法律保护结果模型对此更有解释力。同时，我国上市公司的现金股利分配政策与小股东法律保护之间的关系又呈现出阶段性特征：在小股东法律保护较弱的阶段，法律保护替代模型对上市公司的现金股利分配政策具有解释力；在法律保护较好的阶段，法律保护结果模型对上市公司的现金股利分配政策可能更具有解释力。对交叉上市公司与没有交叉上市公司的现金股利分配政策比较中，发现交叉上市的公司（即含 H 股的 A 股公司）现金股利支付率明显高于没有交叉上市的公司（不含 H 股的 A 股公司），这进一步说明现金股利法律保护结果模型在我国上市公司中具有适用性。股权分置改革并没有从根本上改变我国上市公司中大股东控制的局面，没有消除大股东与小股东利益的不一致性的基础，仍然不会避免大股东利用公司财务政策的制定在利益分配中侵占小股东的利益。股权分置改革前后现金股利分配政策的研究提供了这一方面的证据。

第七章　研究结论和政策性建议

第一节　研究结论

一、我国上市公司的股东异质性、利益冲突及其实现途径

我国上市公司的股东从股权集中度和股东身份两个方面表现出其异质性,产生了大股东与小股东、流通股股东与非流通股股东、国家股股东与非国家股之别,由此引起了大股东(非流通股股东、国家股股东)与小股东(流通股股东、非国家股股东)利益基础的不一致性:利益的构成和实现途径不同。大股东的利益包括资本利得、现金股利和控制权私人收益。在制定利益分配政策——现金股利分配政策时,大股东沿着其利益最大化而非股东价值或公司价值最大化的目标进行,他需要在获得控制权私人收益与成本之间作出权衡,并不关注公司的经营业绩。小股东的利益包括资本利得和现金股利,无论是资本利得和现金股利的分配都与公司的经营业绩相关,所以,小股东利益的实现更可能通过提高企业的经营业绩来实现。

总之,股东的异质性导致了大股东与小股东、国家股股东与非国家股股东、流通股股东与非流通股股东的利益基础缺乏一致性,导致了他们的利益构成和实现路径不同。致使我国上市公司中的主要代理问题中大股东(国家股股东、非流通股股东)和小股东(非国家股股东、流通股股东)之间的利益冲突,即大股东侵占小

股东的利益。

二、现金股利分配政策的利益侵占性和其他大股东的作用

本研究从理论上证明并通过经验数据检验了我国现金股利分配政策具有利益侵占性,从而揭示了我国现金股利分配政策特有的经济意义:现金股利分配政策被大股东演化为一种大股东侵占小股东利益的工具。股票市场对高现金股利的分配政策并没有作出积极的反应,对低现金股利分配政策也没有作出消极的反应,便是本研究提供的大股东侵占小股东利益的一个证据,这与国外经典的现金股利理论相悖。利用经营活动产生的现金发放现利与利用权益性证券融资发放现金股利进行利益侵占的区别在于后者的性质更为严重,因为它直接侵占了小股东(流通股股东)的资本金。

其次,其他大股东的作用也在现金股利分配政策的市场反应中得到了证实。在我国上市公司中,除第一大股东外的其他大股东(第2—5位)的治理作用并不显著,他们更可能与第一大股东"合谋"而非"监督",原因在于他们与第一大股东的利益有更多的一致性。当他们利益产生冲突时,也有一定的监督作用,但是并不显著。与其他大股东作用相关的是,我们还检验出我国上市公司容易产生利益侵害的股权结构:股权高度集中比股权分散的容易产生利益侵害;其他大股东为非流通股股东比其他大股东为流通股股东的容易产生利益侵害。

三、股权结构对现金股利分配政策的影响

第一大股东的持股比例是影响现金股利分配政策的显著因素。第一大股东持股比例与现金股利支付率呈"N"形关系,在股

权集中的情况下呈“U”形关系。第一大股东在不同的持股比例区域对现金股利政策有着不同的偏好:当股权相对集中时,第一大股东持股比例与现金股利支付率正相关;当股权高度集中时,第一大股东的持股比例与现金股利支付率负相关。

其他大股东对现金股利分配政策的影响方向取决于其利益与第一大股东利益的一致性。当其他大股东与第一大股东利益存在利益冲突时,其他大股东持股比例与现金股利分配政策的影响与第一大股东持股比例的影响方向相反;当其他大股东与第一大股东利益具有一致性时,其他大股东持股比例对现金股利分配政策的影响与第一大股东持股比例的影响方向相同。这进一步印证了第四章的检验结论。

四、小股东法律保护对现金股利分配政策的影响

通过研究我国小股东法律保护发展的历史进程对上市公司现金股利分配政策的影响发现,从总体上来看,小股东法律保护与现金股利支付率正相关,即随着我国小股东法律保护水平的不断提高,上市公司支付的现金股利水平在提高。然而,分阶段差异检验和阶段回归结果又表明,我国现金股利分配政策与小股东法律保护之间的关系又呈现出阶段性特征:在法律保护较弱的阶段,法律保护替代模型的假设通过了显著性检验,说明在法律保护较差的阶段,现金股利分配政策是小股东法律保护的替代。在法律保护较好的阶段,法律保护结果模型的假设通过显著性检验,说明在该阶段,现金股利分配政策是小股东法律保护的结果。

通过同时发行A股(样本仅为中国大陆上海证券交易所A股市场上市的公司)和H股交叉上市的公司与仅发行A股的上市公司现金股利支付率的比较,发现交叉上市公司的现金股利支付率

显著高于仅发行 A 股股票的上市公司。

股权分置改革对大股东在利益分配过程中侵害小股东利益的现状并没有得到显著改善,这可以是因为股权分置改革并没有从根本上改变我国上市公司中大股东控制的局面,没有消除大股东与小股东利益的不一致性的基础,所以,仍然不会避免大股东利用公司财务政策的制定在利益分配中侵占小股东的利益。

五、对中国"现金股利之谜"的解释

在我国上市公司中存在着两个中国式的"现金股利"之谜:

一是与西方经典理论相悖的理论性"现金股利"之谜:在西方市场经济中,高现金股利分配政策被视为大股东对小股东的一种"善待",是缓解代理问题的一种机制,而在我国,高现金股利分配政策没有得到市场的欢迎,反而受到诟病,被视为大股东侵害小股东利益的一种工具。本书结果有助于我们理解中国式的"现金股利"之谜。首先,由于大股东作为公司的控股股东是股权集中公司的"强权"主体,在利益分配过程中,将沿着大股东利益最大化而非效率的途径制定现金股利分配政策,使得现金股利政策成为大股东挖掘侵占小股东利益"隧道"的工具。而在中国的上市公司治理结构中所表现出的股权结构和法律保护环境恰恰使大股东通过高现金股利获得比小股东更多的投资报酬率,以较短的时间收回投资成本,而小股东仅靠现金股利收回投资成本则需要很长时间,甚至成为不可能的事情,例如,在中国石油股份有限公司上市日(2007 年 11 月 5 日),以当日最低价格 41.70 元购入小股东(流通股股东)按照其目前现金股利分配的金额(2007 年 11 月 5 日至 2013 年 6 月 6 日共累计每股现金股利 1.649 元。)需要 130 多年才能收回投资,即使按照 16.70 的发行价格购入也需要 50 多年的时间收回投资,所以,小股东更依赖于公司股价的上升收回投资并获得资本利得,而对依赖于分配现金股利收回投资并获利表现出失望。由于对非流通股股票在股票市场上交易的限制,对于以超低价格购入的非流通股股东而言恰恰相反。当上市公司的大股东利用银行贷款购买股份获得公司控制权时,可能会更加剧了上市公司牺牲未来投资机会,毁灭性地分配现金股利。这一点在第三章的分析中也能得出这一结论。

二是政策制定者政策倾向与资本市场小股东反应不一致的政策性"现金股利"之谜。高现金股利是大股东(非流通股股东)实现其利益最大化的工具之一,而高现金股利政策在我国又具有利益侵占性,它大量侵占小股东(流通股股东)应得的经营活动动产生的现金,甚至侵占了小股东的资本金。所以,在我国以小股东(流通股股东)为主要参与者的股票市场上,小股东会将高现金股利视为大股东对其利益的侵占。而国家政策制定者在认为现金股利是对小股东权益的保护,制定类似于强制性现金股利的规定时,忽略了这一认识成立的前提是现金股利必须是"同股同权同价",在我国恰恰是"同股同权不同价"。这样政策制定者和小股东(流通股股东)对高现金股利政策的看法产生的分歧,表现在市场上出现了国家政策制定者的意愿与小股东行为的偏差。所以,我国证监会分别在 2001 年 3 月 28 日《上市公司新股发行管理办法》和 2001 年 5 月的《中国证监会发行审核委员会关于上市公司新股发行审核意见》规定:上市公司在股票市场再融资时,需要考察其最近三年的派现情况。这一规定针对上市公司常常通过不发放或低现金股利侵占小股东的利益而制定的,事实上,它为大股东利用高现金股利侵占小股东利益提供了合法的通道。最后,在国外,"高现金股利是缓解代理问题的一种机制"的前提也是"同股同权同价”，而在我国“同股同权不同价”的前提下，使得高现金股利成为大股东进行利益侵占直接而“合法”的工具，导致大股东对高现金股利的偏好，也就有了“高现金股利是大股东对小股东利益的侵占”的结论。由于过去对这一结论的研究，既缺乏理论上的证明，又缺乏在实证研究中对我国资本市场制度的现实分析，导致了我们很难理解这一与国外经典结论相悖的中国式结论。

第二节　政策性建议

一、改善上市公司的股权结构

本书使我们看到，股权结构尤其是股权集中度决定了上市公司的治理结构和公司权利在股东之间的配置，进一步影响了不同股东的谋利行为。目前，我国上市公司高度集中的股权结构导致的大股东控制，加剧了大股东侵害小股东利益的行为，所以，提高上市公司资源的配置效率，缓解大股东与小股东利益分配上的冲突，必须改善目前上市公司的股权结构。

第一，分散第一大股东的股权。在我国上市公司中，表决权股份高度集中在第一大股东手里，使其成为公司的“强权主体”，他们绝对控制着公司政策的制定，即使存在着与其利益相冲突的其他大股东也难与之相抗衡，不能起到监督作用。其他大股东不是不为，是因为持股比例相差悬殊，而变得不能为。

第二，为上市公司引入监督股东。在我国上市公司中，还存在着其他大股东与第一大股东“合谋”侵占小股东利益的现象。在我们的样本中，除第一大股东之外的第 2—5 位大股东，约有 2/3 是与第一大股东市场身份相同的非流通股股东，也是国有股股东和法人股股东，他们在公司中的获利机制与第一大股东相同,不太可能对第一大股形成监督优势。为此,必须引进对第一大股东有监督激励和监督能力的能够在一定程度上代表小股东"话语权"的股东。例如建立有效的引入机构股东的市场机制。

第三,废除股东的特权身份。上市公司中大股东与小股东不同的市场身份赋予了他们不同权利,使得大股东与小股东的利益构成与形成制度天生不同,甚至是冲突。如流通股股东与非流通股股东、国有股股东与非国有股股东。于是,大股东与小股东能够共享的公司利益非常少,小股东也不能在大股东实现其利益最大化的过程中"搭便车",实现其财富的增值。统一股东的市场身份还意味着对发行的股票不仅要做到"同股同权",还要做到"同股同权同义务"。一提到这个问题,人们更多想到的是流通股与非流通股的差别。流通股与非流通股的差别不仅仅在于其流通性上的差别,则更多的应该是持有"同股"的股东享有的权利不同,即人们也早已注意到的"同股不同价"。流通股股东虽然享有股票的可流通性,但是,他们为此支付了高昂的溢价,恰恰就是这种溢价给非流通股股东带来了利益侵占的资源和机会。所以,统一股东市场身份的另一层含义是,要同股同权同义务,最直观形式之一就是我国股票市场上要做到"同股同权同价"。这里要纠正一个人们最普遍的认识:高现金股利成为大股东侵占小股东利益的政策,其根源是股权分置。其实,根源不在于股权分置,而在于上市公司发行了同权不同价的股票,更为糟糕的是公司治理又将公司控制权赋予了支付低价购买股票的股东。所以,废除上市公司中股东的特权身份,是股权结构改革的第一步,最终还要归结到分散大股东的权力,即分散股权。

二、加强立法，不断完善小股东法律保护的内容和提高法律执行效率

随着小股东法律保护的加强，小股东权益将得到保护，这有利于社会资源的配置。本书的研究结果表明，随着小股东法律保护程度的提高，公司会支付较高的收益性现金股利，减少权益性融资现金股利的支付，从而减少了大股东侵占小股东利益的机会，提高了小股东投资的积极性。可喜的是，我国在这一方面迈出了关键的一大步。修订后的公司法和证券法增加了大量关于保护小股东利益方面的内容，提高了对小股东法律保护的程度。

在小股东权益法律保护过程中，执法也是一个重要的方面。没有有效的执法，小股东权益仍然得不到保障。例如，在我国股权分置改革过程中，虽然国家规定了对价方案必须通过小股东（流通股股东）投票表决，并且小股东的赞成票要达到规定的比例方可实施，但是，由于执法问题，还是出现了许多大股东收买小股东的情况，使对价方案侵占了小股东利益。

三、丰富上市公司的信息披露内容

由于我国资本市场初始制度设计的原因，导致了我国股东身份的复杂性，从而使不同身份的股东利益内涵和形成机制产生差异，这为外部投资者判断公司的股权治理结构的合理性带来较大的困难，这会造成两方面的不良后果。其一，增加了小股东信息收集成本，加深了大股东与小股东之间的信息不对称，助长了大股东对小股东利益的侵占；其二，会影响股东的积极性及决策的准确性，从而削弱了资本市场的功能。信息披露也应强化三个方面的披露：一是第一大股东及前几位大股东身份的披露；二是第一大股东及前几位大股东持股比例及其变化的披露；三是上市公司分配

现金股利的性质是收益性现金还是权益性融资现金股利。

四、制定政策鼓励国内上市公司交叉上市

由于上市公司要接受上市地国家的法律约束，所以，应鼓励上市公司在法律保护较好的国家交叉上市，这样有利于小股东权益的保护。

第三节　本书的局限性及有待进一步研究的问题

在研究股权结构与小股东法律保护对现金股利政策的影响过程中，存在着一些局限性，以及有待进一步研究的问题。

第一，本书只研究了在大股东单层控制结构下，股权结构对现金股利政策的影响，而对在其他更为复杂的控制结构下，股权结构对现金股利的影响有待研究。

大股东单层控制是控制结构中较为简单的一种，其最大特点是现金流权与控制权一致，其他控制结构（如金字塔式、交叉持股等结构）可能由于现金流权与控制权不一致，大股东进行利益侵占的激励更大，对现金股利政策的影响也会更显著。

第二，本研究虽然注意到了发放权益性融资现金股利是性质上更为严重的大股东侵占小股东利益的政策，但是，由于我国上市公司的现金股利公告不区别这两种股利，使得在研究问题时，无法准确无误地彻底分清现金股利的性质，只能通过一个相对指标——现金股利保障倍数的倒数——来判断现金股利的性质，而这个指标本身存在着一些无法克服的缺陷。这可能会对研究结果产生一定的影响。

第三,对股权分置改革对小股东利益形成制度的影响只使用了简单的差异检验,得出了较为简单的结论。这一点需要更为深入的后续研究。

参 考 文 献

[美]阿道夫·A.伯利、加德纳·C.米恩斯著,甘华鸣、罗锐韧、蔡如海译:《现代公司与私有财产》,商务印书馆2005年版。

[英]阿费里德·马歇尔著,谦运杰译:《经济学原理》,华夏出版社2005年版。

曹媛媛、冯东辉:《我国上市公司股利政策的信息内涵——基于股利政策稳定性的实证研究》,《系统工程》2004年第2期。

陈红、吴卫华:《上市公司股权结构——现金股利政策与投资者保护》,《金融发展研究》2011年第5期。

陈浪南、姚正春:《我国股利政策信号传递作用的实证研究》,《金融研究》2000年10月。

陈伟、刘星、杨新源:《上海股票市场股利政策信息传递效应的实证研究》,《中国管理科学》1999年第3期。

陈晓、陈小悦、倪凡:《中国上市公司首次股利信号传递效应的实证研究》,《经济科学》1998年第5期。

陈信元、陈冬华:《公司治理与现金股利——基于佛山照明的案例研究》,《管理世界》2003年第8期。

董秀良、薛丰慧:《股权结构——股东行为与核心代理问题研究》,《经济评论》2003年第4期。

冯根福:《双重委托代理理论:上市公司治理的另一种分析框架——兼论进一步完善中国上市公司治理的新思路》,《经济研究》2004年12月。

何涛、陈晓:《现金股利能否提高企业的市场价值——1997—

1999年上市公司会计年度报告期间的实证分析》,《金融研究》2002年8月。

胡庆平:《股利政策之影响因素分析》,《中原工学院报》2002年第6月。

贾明、张喆、万迪昉:《控制权私人收益相关研究综述》,《会计研究》2007年第6期。

姜秀珍、全林、陈俊芳:《现金流量不确定性对股利政策影响的实证研究》,《上海交通大学学报》2004年第3期。

孔小文、于笑坤:《上市公司股利政策信号传递效应的实证分析》,《管理世界》2003年第6期。

郎咸平著,易宪容译:《公司治理》,社会科学文献出版社2004年版。

林朝南等:《控股股东利益转移及其防范机制分析》,《工业技术经济》2005年第24期。

刘峰、贺建刚:《股权结构与大股东利益输送方式的选择》,《中国会计评论》2004年第2期。

刘彤:《小股东权益与公司治理绩效改善》,《经济科学》2002年第2期。

罗党论:《大股东利益输送与投资者保护研究述评》,《首都经济贸易大学学报》2006年第2期。

罗健梅、黎春、刘煌:《上市公司股利政策信号传递效应的实证分析》,《财经理论与实践》2001年第12期。

吕长江、韩慧博:《股利政策与盈余信息对A、B股市场影响的比较研究》,《中国会计评论》2003年第2期。

吕长江、王克敏:《上市公司股利政策的实证分析》,《经济研究》1999年12月。

吕长江、肖成民:《最终控制人利益侵占的条件分析——对LLSV模型的扩展》,《会计研究》2007年第10期。

吕长江、周县华:《公司治理结构与股利分配动机》,《南开管理评论》2005 年第 3 期。

马曙光、黄志忠、薛云奎:《股权分置、资金侵占与上市公司现金股利政策》,《会计研究》2005 年第 9 期。

马贤明、魏刚:《寻找小股东的权益》,经济科学出版社 2004 年版。

全国人民代表大会常务委员:《中华人民共和国公司法》,《中华人民共和国全国人民代表大会常务委员会公报》2014 年第 1 期。

施东晖:《上市公司控制权价值的实证研究》,《经济科学》2003 年第 6 期。

孙永祥:《公司治理结构:理论与实证研究》,上海三联书店、上海人民出版社 2002 年版。

唐明宗、蒋位:《大股东控制中国上市公司实证研究》,上海交通大学出版社 2005 年版。

唐清泉、罗党论:《现金股利与控股股东的利益输送行为研究》,《财贸研究》2006 年第 1 期。

唐宗明、蒋位:《中国上市公司大股东侵害度实证分析》,《经济研究》2002 年 4 月。

田祥新、徐国栋、周永强:《上市公司股利政策与股市波动的实证研究》,《广东财政高等专科学校学报》2003 年第 3 期。

王化成、李春、卢闯:《控股股东对上市公司现金股利影响的研究》,《管理世界》2007 年第 1 期。

王信:《从代理理论看上市公司的派现行为》,《金融研究》2002 年 9 月。

魏刚:《非对称信息下的股利政策》,《经济科学》2000 年第 2 期。

魏刚:《高级管理层激励与上市公司经营绩效》,《经济研究》2000 年 3 月。

魏刚:《我国上市公司股利分配的实证研究》,《经济研究》

1998 年 6 月。

伍利娜、高强、彭燕:《中国上市公司异常高派现影响因素研究》,《经济科学》2003 年第 11 期。

肖珉:《自由现金流量,利益输送与现金股利》,《经济科学》2005 年第 2 期。

肖淑芳、喻梦颖:《股权激励与股利分配》,《会计研究》2012 年第 8 期。

谢德仁:《公司剩余索取权,分享安排与剩余计量》,上海人民出版社 2001 年版。

谢军:《企业成长性的因素分析:来自上市公司的证据》,《经济管理》2005 年第 20 期。

严武:《公司股权结构与治理机制》,经济管理出版社 2004 年版。

叶康涛:《公司控制权的隐性收益——来自中国非流通股转让市场的研究》,《经济科学》2003 年第 5 期。

应展宇:《股权分裂,激励问题与股利政策——中国股利之谜及其成因分析》,《管理世界》2004 年第 7 期。

俞红海、徐龙炳、陈百助:《终极控股股东控制权与自由现金流过度投资》,《经济研究》2010 年 8 月。

俞乔、程莹:《我国公司红利政策与股市波动》,《经济研究》2001 年 4 月。

袁振兴:《股权结构和小股东法律保护对现金股利的影响研究》,财经科学出版社 2007 年版。

原红旗:《中国上市公司股利政策分析》,《财经研究》2001 年第 3 期。

张水泉、韩德宗:《上海股票市场股利与配股效应的实证研究》,《预测》1997 年第 3 期。

张维迎:《所有制、治理结构及委托——代理关系》,《经济研究》1996 年 9 月。

张祥建、徐晋:《股权融资与大股东控制的隧道效应——对上市公司股权再融资偏好的再解释》,《管理世界》2005 年第 11 期。

张阳:《控股股东利益导向与股利政策安排——基于用友软件“高派现”的案例分析》,《当代财经》2003 年第 10 期。

张屹山、董直庆、王林辉:《我国上市公司大股东与小股东企业剩余分配不均衡的权力解读》,《财贸经济》2005 年第 12 期。

甄红线:《东亚终极所有权结构比较研究》,《经济学动态》2011 年第 10 期。

中国社会科学院公司治理中心课题组:《2010 年中小股东权益保障评价报告——后股权分置时代中小股东权益保护探析》,《资本市场》2011 年第 1 期。

中国证监会:《上市公司章程指引》,《中华人民共和国国务院公报》2015 年第 6 期。

《中华人民共和国公司法》,法律出版社 2006 年版。

钟田丽、郭亚军、王丽春:《现金股利与上市公司未来收益的实证分析》,《东北大学学报(自然科学版)》2003 年第 10 期。

周县华、吕长江:《股权分置改革,高股利分配与投资者利益保护》,《会计研究》2008 年第 8 期。

Aharony, J. and Swary, I. “Quarterly dividend and earnings announcements and stockholders' returns: An empirical analysis” [J] *The journal of finance*, 1980(25).

Ang, J.S., “Dividend policy: informational content or partial adjustment” [J] *The review of Economics and statistics*, 1973(11).

Angeldorff, S. and Novikov, K. “Agency Costs: Ownership Concentration's Influence over Dividend Levels: An Empirical Study of the Stockholm Stock Market 1990 - 1997”, Unpublished Master's Thesis in Finance [J] *Stockholm School of Economics*, 1999(23).

Aslan, H. and Kumar, P. “Controlling Shareholders, Ownership Structure and Bank Loans” [R] *Working Paper*, 2008.

Asquith,P.and Mullins D.W.,"The impact of initiating dividend payments on shareholders' wealth"[J]*Journal of business*,1983(4).

Bajaj,M.and Vijh.A.M."Dividend Clienteles and the Information Content of Dividend Changes"[J]*Journal of Financial Economics*,1990(8).

Barca,F. and Becht M.,*The control of corporate Europe*[M]. Oxford University Press,2001.

Barclay,M.J.and Holderness,C.G."Private benefits from Control of Public Corporations"[J]*Journal of Financial Economics*,1989(85).

Bebchuk,A.,"A rent—protection theory of corporate ownership andcontrol"[R]*Harvard Law and Economics Discussion Paper*,NO. 260,1990.

Benartzi,S., Michaely,R.and Thaler,R.," Do changes in dividends signal the future or the past? "[J]*Journal of finance*, 1997(105).

Berle, A. and Means, G., *The Modern Corporation and Private Property*[M].New York:Macmillan,1932.

Bertrand,M.,Paras,M.and Mullainathan,S.," Ferreting out Tunneling: an Application to Indian Business Groups"[J]*Quarterly Journal of Economics*,2002(117).

Bhattacharya, S., " Imperfect information, dividend policy and 'the bird in the hand' fallacy"[J]*Bell Journal of Economics*,1979.

Blair, M., " Ownership and control, rethinking corporate governance for the twenty—first century"[J]*Washington DC : Brookings Institution*, Washington DC,1999.

Brickley,J.,"Shareholder wealth, information signaling and the specially designated dividend"[J]*Journal of financial economics*,1983.

Claessens, S., Djankov, S. and Lang, L. H. P., "Expropriation of Minority Shareholders in East Asia" [J] *Journal of Financial Economics*, 2000(156).

Claessens, S., Djankov, S. and Lang, L. H. P., " The Separation of Ownership and Control in East Asian Corporations" [J] *Journal of Financial Economics*, 2000(96).

Claessens, S., Djankov, S. and Lang, L. H. P., "Expropriation of Minority Shareholders in East Asia" [J] *Unpublished Working Paper*, The World Bank Washington, DC, 1999.

Claessens, S., Fan, J.P.H., Djankov, S. and Lang, L.H.P., "Expropriation of Minority Shareholders: Evidence from East Asia" [J] *Word Bank Working Paper*, 1999.

Coffee, J., "Privatization and Corporate Governance: The Lessons From Securities Market Failure" [J] *Journal of Corporation Law*, 1999 (25).

Collins, M.C., Saxena, A.K. and Wansley, J.W., "The role of insiders and dividend policy: A comparison of regulated and unregulated firms" [J] *Journal Of Financial And Strategic Decisions*, 1996(9).

Cronqvist, H. and Nilsson, M., " Agency cost of controlling minority shareholders" [J] *Working paper Series in Economics and Finance*, 2000(364).

Cronqvist, H. and Nilsson, M., " Agency costs of controlling minority shareholders" [J] *Journal of Financial and Quantitative Analysis*, 2003(384).

Doidge, C., Karoly, G. A., Lins, K. V., Miller, D. P. and Stulz, R. M., "Private Benefits of Control Ownership and the Cross—listing Decision" [J] University of Toronto, *Working Paper*, 2005.

DeAngelo, H., DeAngelo, L. and Skinner, D. J., " Dividends and losses" [J] *Journal of Finance*, 1992(145).

DeAngelo, H.and DeAngelo, L., " Managerial ownership of voting rights: a study of public corporation with Dual Classes of Common Stock" [J] *Journal of Financial Economics*, 1985(25).

Demsetz, H.and Lehn, K., "The structure of corporate ownership: cause and consequences" [J] *Journal of Political Economy*, 1985(81).

Dewenter, K.L.and Warther, V.A., " Dividends, asymmetric information and agency conflicts, evidence from a comparison of the dividend policies of Japanese and U.S.firms" [J] *Journal of Finance*, 1998(153).

Dielman, T. E. and Oppenheimen, H. R., " An examination of investor behavior during periods of large dividend change" [J] *Journal of financial and quantitative analysis*, 1984(9).

Dyck, A.and Zingalas, L., " Private Benefits of Control: An International Comparison" [J] *Journal of Finance*, 2004, 59(2).

Easterbrook, F.H. " Two Agency-Cost Explanations of Dividends" [J] *American Economic Review*, 1984, 74(4).

Edwards, J. S. S. and Weichenrieder, A. J., " Ownership concentration and share valuation: Evidence from Germany, CESifo Munich", *Working Paper*, 1999.

Edwards, J. S. S. and Weichenrieder, A. J., " Ownership concentration and share valuation" [J] *German Economic Review*, 2004, 5(2).

Faccio, M., Lang, L.H.P.and Young, L., "Dividends and Expropriation" [J] *American Economics Review*, 2001(62).

Faccio, M.and Lang, L.H.P., " Expropriation and Dividends" [J] *American Economic Review* 2001(91).

Fama, E. F. and Jensen, M. C., " Agency problems and residual claims" [J] *Journal of Law and Economics*, 1983(28).

Fama, E. F. and Babiak, H. " Dividend policy, An empirical

analysis" [J] *The journal of American statistical association*, 1968(6).

Fluck, Z. " The Dynamics of the Management-Shareholder Conflict" [J] *NYU*, Forbes, 1998.

Fluck, Z. " The Dynamics of the Management-Shareholder Conflict" [J] *Review o f Financial Studies*, 1999(12).

Frank, M. and Jagannathan, R. "Why do stock prices drop by less than the value of the dividend? Evidence form a country without taxes" [J] *Journal of Financial Economics*, 1998(159).

Franks, J. and Mayer, C. "Ownership and Control of German corporations" [R]. *Working Paper*, 1994, London Business School.

Franks, J. and Mayer, C. "Ownership and control of German corporations" [J] *Review of Financial Studies*, 2001(9).

Frankfurtera, G. M. and Wood, B. G. "Dividend policy theories and their empirical tests" [J] *International Review of Financial Analysis*, 2002(59).

Gomes, A. "Going Public with Asymmetric information, Agency costs and dynamic trading" [J] *Journal of Finance*, 2000(4).

Gonedes, N. J. " Corporate signaling, external accounting and capital market equilibrium: evidence on dividends, income and extraordinary items" [J] *Journal of accounting research*, 1978(8).

Grossman, S. J. and Hart, O. D. " The cost and benefits of ownership: A Theory of Vertical and Lateral Integration" [J] *The Journal of Political Economy*, 1986(94).

Grossman, S. J. and Hart, O. D. "One-share-one-vote and themarket for corporate control " [J] *Journal of Financial Economics*, 1988(20).

Gugler, K. andYurtoglu, B. B. "Corporate governance and dividend pay-out policy in Germany" [J] *European Economic Review*, 2003(47).

Hakansson, N. H. "To Pay or Not to Pay Dividend" [J] *The Journal of Finance*, 1982(37).

Holderness, C. G., and Sheehan, D. P. " The role of majority shareholders in publicly held corporations" [J] *Journal of Financial Economics*, 1988(150).

Hoshi, T., Kashyap, A. and Scharfstein, D. " Corporate structure, liquidity and investment: evidence from Japanese panel data" [J] *Quarterly Journal of Economics*, 1991(12).

Jensen, M. C. " Agency Costs of Free Cash Flow, Corporate Finance and Takeovers " [J] *American Economics Review* 1986(76).

Jensen, M.C. and Rebuck, R.S. "The Market of Corporate Control: the Scientific Evidence" [J] *Journal of Financial Economics*, 1983 (108).

Jensen, M.C. and Meckling, W.H. "Theory of the firm: Managerial behavior, agency costs and capital structure" [J] *Journal of Financial Economics*, 1976(74).

Jensen, M. C., " Agency Costs of Free Cash Flow, Corporate Finance and Takeovers" [J] *American Economic Review*, 1986(76).

John, K. and Williams, J. " Dividends, Dilution and Taxes: A Signaling Equilibrium" [J] *Journal of financial and quantitative analysis*, 1985(109).

John, K. and Lang, L. " Insider trading around dividend announcements: theory and evidence" [J] *Journal of Finance*, 1991(24).

Johnson, S. R., La Porta, F., Lopez de Silanes and Shleifer, A. "Tunneling" [J] *the American Economic Review*, 2000(90).

Kalay, A. " Stockholder-Bondholder conflict and dividend constraints" [J] *Journal of Financial Economics*, 1982(114).

Keim, D. " Trading patterns, bid-ask spreads and estimated security returns : The case of common stocks at calendar turning points" [J] *Journal of financial economics*, 1989(156).

Kwan, C. "Efficient market tests of informational content of dividend announcements: critique and extension" [J] *Journal of financial and quantitative analysis*, 1981(85).

La PortaR, Lopez de Silanes F, Shleifer A, Vishny R. "Law and finance" [J] *Journal of Political Economy*. 1998(106).

La Porta, R., Lopez de Silanes, F., Shleifer, A. and Vishny, R.W. "Legal determinants of external finance" [J] *Journal of Finance*, 1997 (52).

La Porta, R., Lopez de Silanes, F., Shleifer, A. and Vishny, R.W. "Corporate ownership around the world" [J] *Journal of Finance*, 1999 (64).

La Porta, R., Lopez de Silanes, F., Shleifer, A. and Vishny, R.W. "Invest Protection and Corporate Governance" [J] *Journal of Financial Economics*, 2000(81).

LaPorta, R.Lopez de Silanes, Shleifer, A. and Vishny, R. W. "Investor Protection and Corporate Valuation" [J] *Journal of Finance*, 2002(07).

Lang, L. H. P. and Litzenberger, R. H. "Dividend announcements" [J] *Journal of Financial Economics*, 1989(65).

Lee, C. W. J and Xiao, X. "Tunneling Dividends" [D]. Beijing: *School of Economics and Management*, Tsinghua University, 2004.

Leech, D. and Leahy, J. "Ownership structure, control type classifications and the performance of large British companies" [J] *The economic Journal*, 1991(36).

Lins, K.V. "Equity Ownership and Firm Value in Emerging Markets" [J] *Joumal of Finaneial and Quantitative Analysis*, 2002(38).

Lintner, J. "Distribution of income of corporations among dividends, retained earnings and taxes" [J] *American Economic Review*, 1956(16).

Maury, C. B. and Pajuste, A. "Multiple controlling shareholders and firm value"[J]*Journal of Financial Economics*,2002(32).

Maury, C. B. and Pajuste, A. "Controlling Shareholders, Agency Problems, and Dividend Policy in Finland", *LTA*, 2002, 1(2).

Maury, C. B. and Pajuste, A. "Controlling Shareholders, Agency Problems, and Dividend Policy in Finland", *Working Paper*, e-mail: Benjamin, Maury@ shh.f, 2005.

Miller, M. and Rock, K. "Dividend policy under asymmetric information"[J]*Journal of Finance*,1985(25).

Mitton, T. "Corporate governance and dividend policy in the emerging markets"[J]*Emerging Markets Review*,2004,(85).

Modigliani, F., and Miller, M. H. "The cost of capital, corporation finance, and the theory of investment"[J]*American Economic Review*,1961(12).

Myers, S. C. "The capital strcture puzzle" [J] *Journal of Finance*, 1984.

Myers, S.C. "Outside equity"[J]*Journal of Finance*,2000(62).

Nenova, T. "The value of corporate voting rights and control: A cross-country analysis" [J] *Journal of Financial Economics*, 2003, 68 (3).

Ofer, A. and Siegel, D. "Corporate Financial Policy, Information and Market Expectations: An Empirical Investigation of Dividends" [J]*Journal of Finance*.1987 (42).

Pagano, M. and Roell, A. "The choce of stock ownership structure agency costs, monitoring, and the decision to go public"[J]*The quarterly Journal of Economics* ,1998(25).

Pettit, R. R.. "Dividend announcements, security performance, and capital market efficiency"[J]*The journal of finance*,1972(32).

Reese, W. A. and Weisbach, M. S. "Protection of minority share holder interests, cross-listing in the United States and subsequent equity offerings"[J]*Journal of Financial Economics*,2002(114).

Rozeff, M. G. "Beta and Agency Costs as Determinants of Dividend Payout Ratios"[J]*Journal of Financial Research*,1982(21).

Shleifer, A.and Vishny, R. W. "Large shareholders and corporate control"[J]*Journal of Political Economy* ,1986(96).

Shleifer, A.and Vishny, R.W."A survey of corporate governance"[J]*Journal of Finance*,1997(52).

Shleifer, A. and Wolfenzon, D. "Investor Protection and Equity Markets "[J]*Journal of Financial Economics*,2002.

Watts, R."The information content of dividends"[J]*Journal of business*,1973,(15).

Weisten, D.E.and Yafeh, Y."On the costs of a Bank Centered Financial Syltem: Evidence from the Changing Main Bank Relations in Japan"[M].*Manuscript*, Harvard University, 1994.

Wolfenzon, D. "A Theory of Pyramidal Ownership"[J]*working paper*, 1999.

Wolfenzon, D.*A theory of pyramidal ownership*[M]. Cambridge, MA: Harvard University Press, 1999.

Zingales, L."The value of the voting right: A study of the Milan stock exchange experience "[J]*Review of Financial Studies*,1994(7).

Zingales, L."Inside Ownership and the Decision to Go Public"[J]*Review of Economics Studies*,1995(62).

附录　我国小股东法律保护赋值表

时间		股权利							其他制度与政策									法律分值	
		1	2	3	4	5	6	7	8	9	10	11	12	13	14	15	16		
		临时股东大会	代理表决权	通信表决权	一股一票	股东起诉权利	累计表决权	重大事项表决方式	上市公司信息披露	会计政策与审计制度	外部独立董事	送配股政策	内部人股权转让	管理层、董监事持股规定	内幕交易	关联交易	限制大股东行为的规定	新增法律保护条款赋值	累计分值
1992.5.15 前																		0	0
1992	5.15	*	*		*			*		*		*	*	*				8	8
1993									*	▲			▲	▲	*			3.5	11.5
									▲									0.5	12
									▲						▲			1	13
												▲						0.5	13.5
1994										*								1	14.5
									▲									0.5	15
									▲									0.5	15.5
		*	*		*	**		*	*	*		*	*	*				11	26.5
									▲									0.5	27
												▲						0.5	27.5
												▲						0.5	28

续表

时间	股权利							其他制度与政策									法律分值	
	1	2	3	4	5	6	7	8	9	10	11	12	13	14	15	16		
	临时股东大会	代理表决权	通信表决权	一股一票	股东起诉权利	累计表决权	重大事项表决方式	上市公司信息披露	会计政策与审计制度	外部独立董事	送配股政策	内部人股权转让	管理层、董监事持股规定	内幕交易	关联交易	限制大股东行为的规定	新增法律保护条款赋值	累计分值
1995								▲									0.5	28.5
1996											▲						0.5	29
											▲						0.5	29.5
													▲				0.5	30
								▲									0.5	30.5
											▲						0.5	31
													▲				0.5	31.5
								▲									0.5	32
1997															▲		0.5	32.5
								▲									0.5	33
								▲						▲			1	34
								▲									0.5	34.5
								*						*			2	36.5
		▲			▲		▲		▲						▲	*	3.5	40
1998								▲									0.5	40.5
								▲									0.5	41

续表

时间	股权利							其他制度与政策									法律分值	
	1	2	3	4	5	6	7	8	9	10	11	12	13	14	15	16		
	临时股东大会	代理表决权	通信表决权	一股一票	股东起诉权利	累计表决权	重大事项表决方式	上市公司信息披露	会计政策与审计制度	外部独立董事	送配股政策	内部人股权转让	管理层、董监事持股规定	内幕交易	关联交易	限制大股东行为的规定	新增法律保护条款赋值	累计分值
1999								▲									0.5	41.5
															▲		0.5	42
											▲						0.5	42.5
					*			*					*	*			4	46.5
								▲									0.5	47
2000	▲		◆		▲												0	47
															▲		0.5	47.5
								▲									0.5	48
									*								1	49
2001											▲						0.5	49.5
								▲							▲	▲	1.5	51
									▲		▲				▲		1.5	52.5
								▲									0.5	53
								▲									0.5	54
2002					▲			▲							▲	▲	4	57.5
					▲												0.5	58
								▲									0.5	58.5
										▲							0.5	59

续表

时间	股权利							其他制度与政策									法律分值	
	1	2	3	4	5	6	7	8	9	10	11	12	13	14	15	16		
	临时股东大会	代理表决权	通信表决权	一股一票	股东起诉权利	累计表决权	重大事项表决方式	上市公司信息披露	会计政策与审计制度	外部独立董事	送配股政策	内部人股权转让	管理层、董监事持股规定	内幕交易	关联交易	限制大股东行为的规定	新增法律保护条款赋值	累计分值
								▲									0.5	59.5
2003		▲															0.5	60
								▲						▲			1	60
		*															1	61
2004			*													▲	1.5	62.5
					*	*											2	64
														*			1	65
2005								*			*						2	67
													**			▲	2.5	69.5
																		69.5
2006													*				1	70.5
																		70.5
															▲		0.5	71
2007									*								1	72
						*											1	73
												**					2	75
2008													*			▲	1.5	76.5
							▲										0.5	77

续表

时间	股权利							其他制度与政策									法律分值	
	1	2	3	4	5	6	7	8	9	10	11	12	13	14	15	16		
	临时股东大会	代理表决权	通信表决权	一股一票	股东起诉权利	累计表决权	重大事项表决方式	上市公司信息披露	会计政策与审计制度	外部独立董事	送配股政策	内部人股权转让	管理层、董监事持股规定	内幕交易	关联交易	限制大股东行为的规定	新增法律保护条款赋值	累计分值
2009											*						1	78
													▲				0.5	78.5
										*				*			2	80.5
2010															▲		0.5	81
														▲			0.5	81.5
													*				1	82.5

资料来源:沈艺峰、许年行、杨熠:《我国中小投资者法律保护历史实践的实证检验》,《经济研究》2004 年 9 月,第 90—100 页。加分:凡以下情况均作加分处理。规定一股一票表决权,允许采用累计表决权、通信表决权和代理表决权,有权召集临时股东大会(满足 10%的最低股权比例要求)、准许股东提起诉讼,规定重大事项须经 2/3 以上表决通过,规定建立外部独立董事制度,限制大股东行为以及在信息披露、会计制度与审计政策、送配股、董监事持股、内部人股权转让、内幕交易和关联交易上作出有利于中小股东的相关规定;减分:凡与上述各条款作相反规定时,各条款则减去相应的分值。以“通讯表决权”为例,2000 年出台的《上市公司股东大会规范意见》首次明确规定禁止使用通信表决权,该条款不利于小股东合法权益的保护,故该条款减值 1 分。▲表示法律分值加 0.5 分;** 表示法律分值加 2 分;* 表示法律分值加 1 分;◆表示法律分值减 1 分。

后　记

在袁振兴、李建荣、魏光、高景霄、王巧义、和丽芬、刘丽敏和郭爱君等人的共同努力下，前后经过了近6年的研究，终于完成并出版了本著作。本著作始于2010年的国家社科基金项目《小股东利益分配制度及其法律保护研究》（课题编号：10BGL055）的研究报告。在2013年12月完成的结项研究报告的基础上，对结项报告又进行了修改和完善，最终成稿。研究过程中，袁振兴负责了本书的总体设计、主要研究和撰写工作。李建荣负责文献的收集与整理；魏光负责本书的校对与部分理论基础的研究；高景霄负责本书的校对和数据处理；王巧义、和丽芬、刘丽敏和郭爱君等四位同志参与了本书基本框架和一些疑难问题的讨论，并提出了宝贵的意见。

经过反复斟酌，本著作的名称定为《小股东利益分配制度及其权益保护》，而没有直接使用课题名称《小股东利益分配制度及其法律保护研究》作为著作名称，是基于以下考虑：第一，本著作主要研究了小股东利益分配制度的形成和获得利益的路径，以及股权结构和小股东法律保护制度对小股东权益的影响，所以，本书把保护小股东权益的法律制度作为影响小股东权益的一个因素来研究，而非保护小股东权益的法律条款本身，其落脚点仍是小股东权益而不是小股东法律保护制度。第二，本书根据研究结论，从我国资本市场、股权结构和相关法律法规等方面提供了保护小股东权益的政策性建议,而不是探讨如何建立法律框架和制定法律条款保护小股东权益。第三,本书中的“法律”是指经济学意义上的“法律框架”,而非法学上严格意义的“法律”。关于本书中“法律”一词的含义,读者可根据书中所处的语境作合适的理解。

本著作完成出版之际,细细研读仍觉有许多困惑和值得争辩之处,在文章表达中仍能感到有意犹未尽或言不达意之处,在思辩和论证中仍有许多疏漏和不深刻之处。总之,本著中,存在缺陷多多,实望与各位同仁和对拙著有兴趣的有识之士共同探讨,以使我们有更多的进步,增长更多学识。

最后,对帮助过我们的人和将会帮助我们进步的人表示衷心感谢。

作　者

2016 年 12 月

责任编辑:刘　畅
封面设计:肖　辉　孙文君

图书在版编目(CIP)数据

小股东利益分配制度及其权益保护研究/袁振兴　李建荣
　魏　光　等　著. —北京:人民出版社,2016.12
ISBN 978 - 7 - 01 - 017028 - 2

Ⅰ. ①小…　Ⅱ. ①袁…②李…③魏…　Ⅲ. ①上市公司-股东-
　利益分配-研究-中国②上市公司-股东-利益分配-公司法-研
　究-中国　Ⅳ. ①F279.246②D922.291.914

中国版本图书馆 CIP 数据核字(2016)第 300456 号

小股东利益分配制度及其权益保护研究
XIAOGUDONG LIYI FENPEI ZHIDU JIQI QUANYI BAOHU YANJIU

袁振兴　李建荣　魏　光　等　著

人民出版社 出版发行
(100706　北京市东城区隆福寺街 99 号)

北京汇林印务有限公司印刷　新华书店经销

2016 年 12 月第 1 版　2016 年 12 月北京第 1 次印刷
开本:880 毫米×1230 毫米 1/32　印张:8.375
字数:200 千字

ISBN 978 - 7 - 01 - 017028 - 2　定价:29.00 元

邮购地址 100706　北京市东城区隆福寺街 99 号
人民东方图书销售中心　电话 (010)65250042　65289539